للناطقين بغير اللغة العربية

بالعربي

المستوى 5 - الجزء 1

Pearson

تأليف د. هنادا طه تامير

السيرة الذاتيّة

تشغل د. هنادا طه تامير حاليًّا كرسيّ الأستاذيّة في اللغة العربيّة في جامعة زايد. قبل ذلك، كانت قد شغلت منصب القائم بأعمال عميد كلية البحرين للمعلّمين في جامعة البحرين لمدّة ثلاث سنوات، ومنصب العميد المشارك لمدّة ستّ سنوات؛ كما عملت مديرة لبرامج اللغة العربيّة في جامعة سان دييغو الحكوميّة في كاليفورنيا.

حازت د. هنادا طه تامير شهادة الدكتوراه في المناهج وطرائق التدريس من جامعة نيو أورلينز الحكوميّة في الولايات المتّحدة الأمريكيّة، وشهادات الماجستير والبكالوريوس ودبلوم التعليم من الجامعة الأمريكيّة في بيروت. تمتدّ خبرة د. هنادا طه تامير على مدى ستّ وعشرين سنة، عملت خلالها في التدريس وتصميم المناهج وتقييمها وتصميم الامتحانات المقنّنة وتقييمها والتدريب والإدارة في دول عديدة، منها الولايات المتّحدة الأمريكية، ولبنان، والبحرين، وسلطنة عمان، والإمارات العربيّة المتّحدة.

لديها مؤلّفات عديدة في مجاليّ المناهج والتعليم. عملت مستشارة لمؤسّسات عالميّة عدّة، منها: "سكولاستك" و "مؤسّسة الفكر العربيّ" و "مبادرة اللغات العالميّة" و"المكتب التنفيذيّ لرئاسة الوزراء في الإمارات العربيّة المتّحدة"؛ وقد طوّرت أوّل منهاج للّغة العربيّة للناطقين باللغة العربيّة، مستندًا إلى المعايير وإلى كتب أدب الأطفال، تحت عنوان "قصص"؛ كما طوّرت أوّل منهاجٍ للّغة العربيّة خاصّ بغير الناطقين باللغة العربيّة، مستندًا إلى معايير آكتفل، وإلى منحى اللغة التواصليّ، تحت عنوان "حوارات". صمّمت د. هنادا طه تامير أوّل نظام تصنيف انقرائيّ متكامل لكتب أدب الأطفال، وقد تبنّته "مؤسّسة الفكر العربيّ" والعديد من دور النشر في الوطن العربيّ. تعمل د. هنادا طه تامير حاليًّا على وضع معايير للطلاقة في القراءة باللغة العربيّة للتلاميذ.

v

نقدّم لكم المنهاج "**بالعربي**" للناطقين بغير العربيّة، وهو منهاج يعتمد على التعلّم المبنيّ على المنحى التواصليّ، ومعايير المجلس الأميركيّ لمعلّمي اللّغات الأجنبيّة (آكتفل)، وأدب الأطفال، واللّعب والحركة.

الهدف الأوّل من هذا العمل هو جعل تعلّم اللّغة العربيّة ممتعًا للتلاميذ، ومفيدًا، وفاعلًا، وذا مستوى عال.

والهدف الثاني هو تقديم اللّغة العربيّة الفصيحة بشكل حداثيّ، ومعاصر، ومبنيّ على أفضل الممارسات، من خلال الارتكاز في بناء المنهاج إلى أهمّ الأبحاث في مجالات التربية، وتعلّم اللّغات الأجنبيّة، واللّسانيّات، وعلم النفس التربويّ.

نؤمن بأنّ تعلّم اللّغة العربيّة يجب أن يكون ممتعًا، وسهلًا، وذا معنًى بالنسبة إلى المتعلّم، والمعلّم، وإلى أولياء الأمور كذلك. ونؤمن بأنّ في اللّغة العربيّة جمالًا، وعمقًا، ومرونة تستطيع استيعاب كلّ عِلم جديد، وكلّ فكرة في هذا العالم. ونؤمن بأنّنا نحتاج إلى أن نُريَ متعلّم اللّغة العربيّة هذا كلّه من خلال "**بالعربي**".

We present to you **BilArabi** curriculum for non-native learners of Arabic. A curriculum based on the communicative language approach, the standards of American Council for Teachers of Foreign Languages (ACTFL), children's literature, play, and movement.

The first objective of this work is to make learning Arabic fun, useful, effective, and of a high quality for learners.

The second objective is to present Arabic language using a modern and contemporary approach, and ensure best practice by building a curriculum based on research in the fields of education, learning foreign languages, linguistics and educational psychology.

We believe that learning Arabic should be fun, easy and meaningful for learners, teachers, and parents as well. We believe that the Arabic language is beautiful, rich, and flexible to where it can work with any new science or idea in this world. We believe that all this must be shown to the Arabic learner through "**BilArabi**".

لماذا "بالعربي"؟

- لأنّنا نريد إتاحة الفرصة للتّلاميذ لاستكشاف اللّغة العربيّة، واستخدامها من خلال **التواصل، واللّعب، والحركة، واستخدام اللّغة.**
- لأنّنا نستخدم أساليب التدريس الحديثة **لتطوير تعلّم اللّغة العربيّة** لدى الأطفال.
- **لأننا نريد دعم المعلّمين** في استخدام مهارات وتقنيات القرن الحادي والعشرين في قاعات الدراسة.
- لأننا نحبّ اللغة العربيّة ونرى فيها **جمالًا وقدرةً** على احتضان الأفكار والعلوم والآداب كلّها.
- لأننا نريد مشاركة الثقافة العربيّة وجماليّاتها من خلال محتوًى لغويّ سلس وممتع.

بناء ثقة الأطفال بمعرفتهم

يؤمن المنهاج "**بالعربي**" بقدرة كلّ تلميذ على التعلّم، والتمكّن من اللّغة العربيّة، وذلك من خلال غمرهم باللّغة، ومن خلال الأخذ بأيديهم ليروا أنّ اللّغة العربيّة ممتعة، ومرنة ومتاح تعلّمها بشكل عصريّ للجميع.

بالفصيحة أحلى

يركّز المنهاج "**بالعربي**" على جعل اللّغة العربيّة لغة سهلة وممكنة، ولغة ملوّنة ومرِنة. نريد للتلاميذ أن يبدعوا باللّغة العربيّة، وأن يضحكوا بها، ويلوّنوا عالمهم بجمالها.

Why "bilArabi"?

- Because we want our learners to have the opportunity to explore Arabic and use it through **communication, play, movement and language use.**
- Because we use modern teaching methods to **develop Arabic language learning** for children.
- **Because we want to help teachers** use the 21st century's skills and techniques in classrooms.
- Because we love Arabic and appreciate its its **beauty and ability** to embrace ideas, sciences and literature.
- Because we want to **share the beauty of Arabic culture** through smooth and enjoyable linguistic content.

Building children's faith in their knowledge

"**BilArabi**" curriculum believes that every learner is capable of learning and mastering Arabic through language immersion and helping learners experience Arabic as fun, flexible and modern.

Faseeha is beautiful

"BilArabi" curriculum focuses on making learning Arabic an easy, possible, colorful, and flexible task. We want our learners to be creative, laugh, and color their world with the beauty of the Arabic language.

عزيزي التلميذ/ة،

نتمنّى أن تستمتع بكتاب اللّغة العربيّة "**بالعربي**" والنصوص الكثيرة الّتي ستقرأها فيه. هناك نصوص نثريّة، وهناك نصوص شعريّة.

ستسمع مجدّدًا قصص أصدقائنا الخمسة: فارس، وهيا، وآدم، وروزي، وداي-لين، وستقرأ نصوصًا مختلفة خياليّة ومعلوماتيّة، وستكتشف كيف يمكنك أن تصبح مخترعًا، وكيف كانت الممحاة أيّام زمان قطعة من الخبز، وستتعرّف بستيف جوبز وبفاروق الباز، وإنترنت الأشياء، وستقرأ حكايات ماما، وسنعرّفك قطّة أليفة لطيفة.

ستتعلّم أشياء كثيرة في كلّ صفحة، وستكتشف أيضًا كم لديك من المعلومات عن مواضيع كثيرة سنحكي عنها، ونأمل أن تعجبك، وأن تحكي عنها لأسرتك وأصدقائك.

بمودّة،

المؤلّفون

Dear learner,

We hope you enjoy the Arabic language book "**BilArabi**" and its prose and poetic texts. Once again you will hear about our five friends: Faris, Haya, Adam, Rosie and Dai-Lynn. In this book, you will read various fictional and informative texts and discover how you can become an inventor. You will learn about how the eraser was once a piece of bread and what is the Internet of Things. You will get to know about Steve Jobs and Farouk El-Baz, read Mama's stories and meet a cute pet cat.

Each page includes a new learning adventure. Join us in our discovery journey to know how much information you already have on the many topics we will talk about.

With love,

The authors.

تعليم الناطقين بغير العربية

يرتكز التعلّم الأوّليّ للّغة على غمر الأطفال في الاستماع إلى أصواتها، وتمييزها في أثناء الحكي. ويمرّ تعليم الناطقين بغير العربيّة بمراحل ستّ:

1. مرحلة ما قبل الإنتاج اللّغويّ: وتسمّى أيضًا "بمرحلة الاستماع والصمت".
2. مرحلة الإنتاج المبكر: حيث يبدأ التلاميذ بالتحدّث بجمل بسيطة، وقصيرة تشوبها الأخطاء اللّغويّة والصرفيّة.
3. مرحلة التحدّث البدائيّ: حيث نلاحظ أنّ الجمل والتعابير صارت أطول، ولكنّها تقتصر على موضوعات يعرفها التلميذ جيّدًا.
4. مرحلة الطلاقة الأوّليّة: حيث تكون اللّغة المحكيّة على شيء من الطلاقة، وبخاصّة في مواضيع اجتماعيّة تتعلّق بالتحدّث عن الأصدقاء، والذات، والهوايات.
5. مرحلة الطلاقة المتوسّطة: يتّسم الإنتاج اللّغويّ هنا بالطلاقة في المواضيع الاجتماعيّة.
6. مرحلة الطلاقة المتقدّمة: يتواصل التلاميذ في هذه المرحلة بطلاقة، وفي سياقات لغويّة مختلفة.

التعلّم المبني على معايير (آكتفل)

يوضّح المنهاج "**بالعربي**" للتلاميذ ما سيتعلّمونه، وما الّذي سيكونون قادرين على إنتاجه في اللّغة العربيّة. تشكّل معايير (آكتفل) إطارًا لمجموع المعارف، والمهارات، والكفايات العمليّة المتوقّع من التلميذ/ة معرفتها. وهي توضّح كذلك طرائق تقييم تلك المعارف.

Teaching Arabic to non-Arabic learners

The early stages of language learning are based on immersing children in listening to its phonetic sounds and distinguishing them when speaking. Teaching Arabic to non-native Arabic learners usually goes through six stages:

1. The pre-production period: Also known as the "silent period" where the learner listens to the language but cannot produce it nor speak it.
2. Early production period: Where the learner begins to speak simple and short sentences with some linguistic and grammatical errors. The focus at this stage is on intensive listening and comprehension through play, movement and drama.
3. The speech emergence period: Where the learner starts to use longer sentences and expressions that are limited to topics familiar to them. At this stage, the list of vocabulary expands while mistakes shrink.
4. The initial fluency period: Where the learner's spoken language has some kind of fluency, especially when talking about social topics related to themselves, their friends or hobbies. Less known topics are still challenging to the learner at this stage.
5. The intermediate fluency period: Where the learner's produced language becomes fluent in social topics, but less fluent in less familiar topics, including academic subjects. At this stage, the learner begins to use figurative expressions, but with occasional mistakes.
6. The advanced fluency period: Where a learner communicates fluently and in various linguistic contexts including social and academic topics, and shows confidence while speaking and using the language. Some linguistic errors that do not affect the meaning or comprehension might still occur at this stage.

ACTFL-based learning

"**BilArabi**" curriculum identifies what the learners will learn and be able to do in Arabic. The ACTFL standards form the framework of knowledge, skills and practical competencies expected of each learner to know. The ACTFL standards also clarify the ways of assessing that knowledge. The criteria and performance indicators agreed upon at each level are the core of the curriculum. Based on the criteria, the teacher chooses a collection of books that helps fulfil the criteria each learner must obtain. Standards are considered the "what" in the learning process, as they answer the question: What will the learner know at the end of a unit?

معايير آكتفل خمسة وهي:

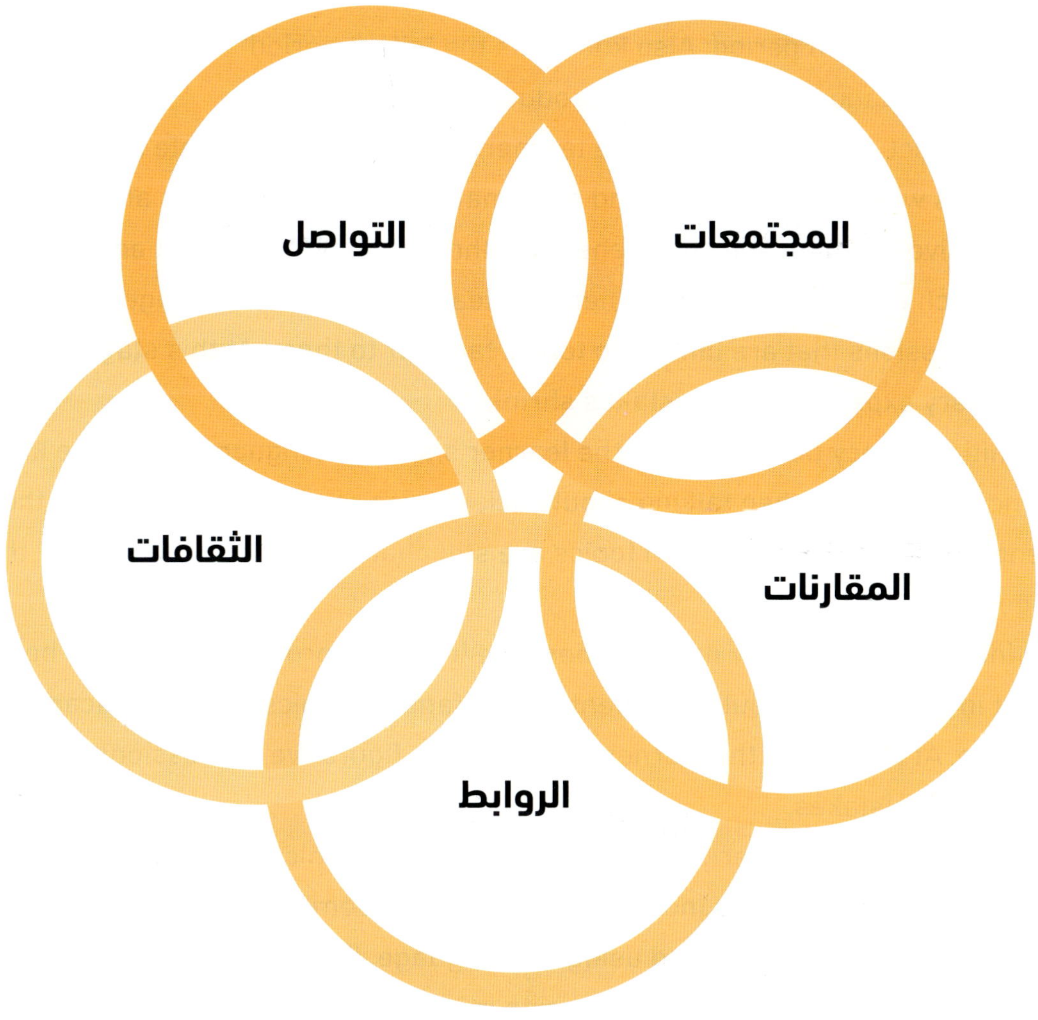

The five ACTFL Standards are:

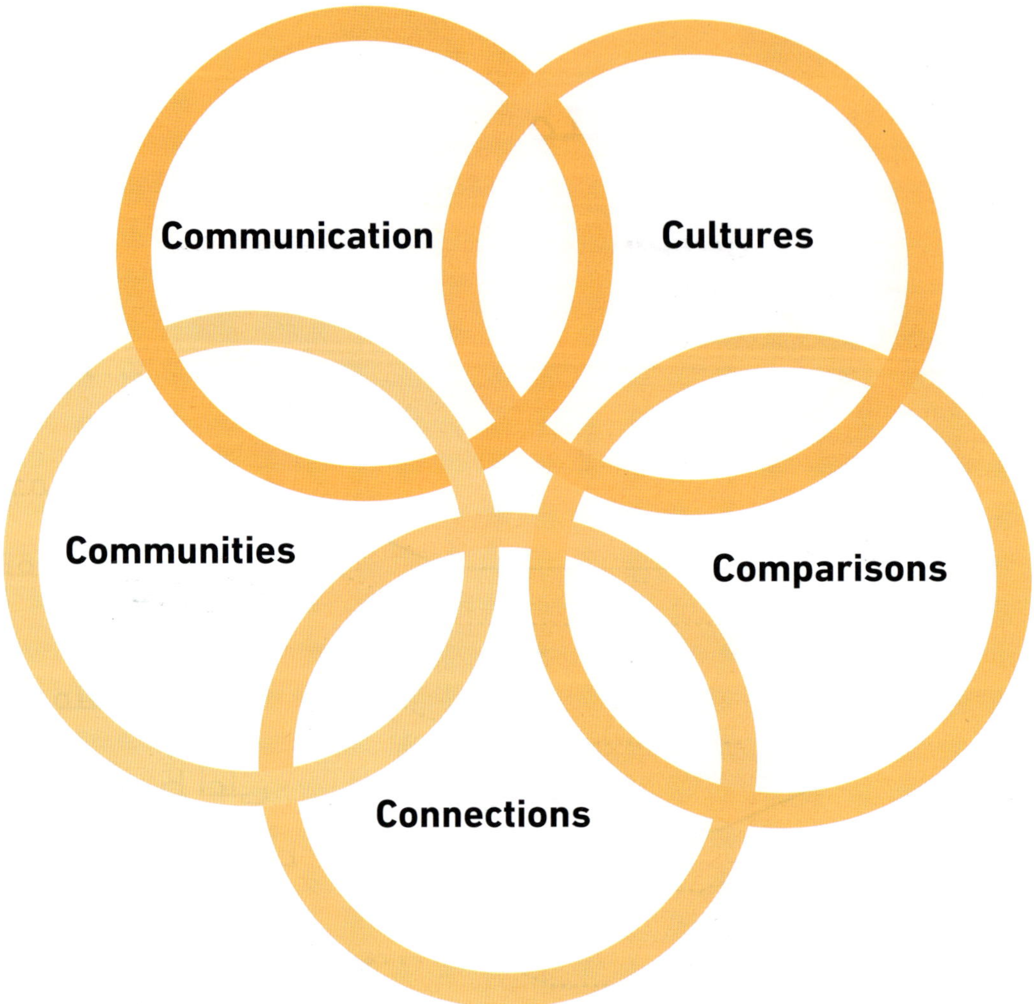

أمّا مستويات الكفاءة اللّغويّة بحسب (آكتفل) هي:

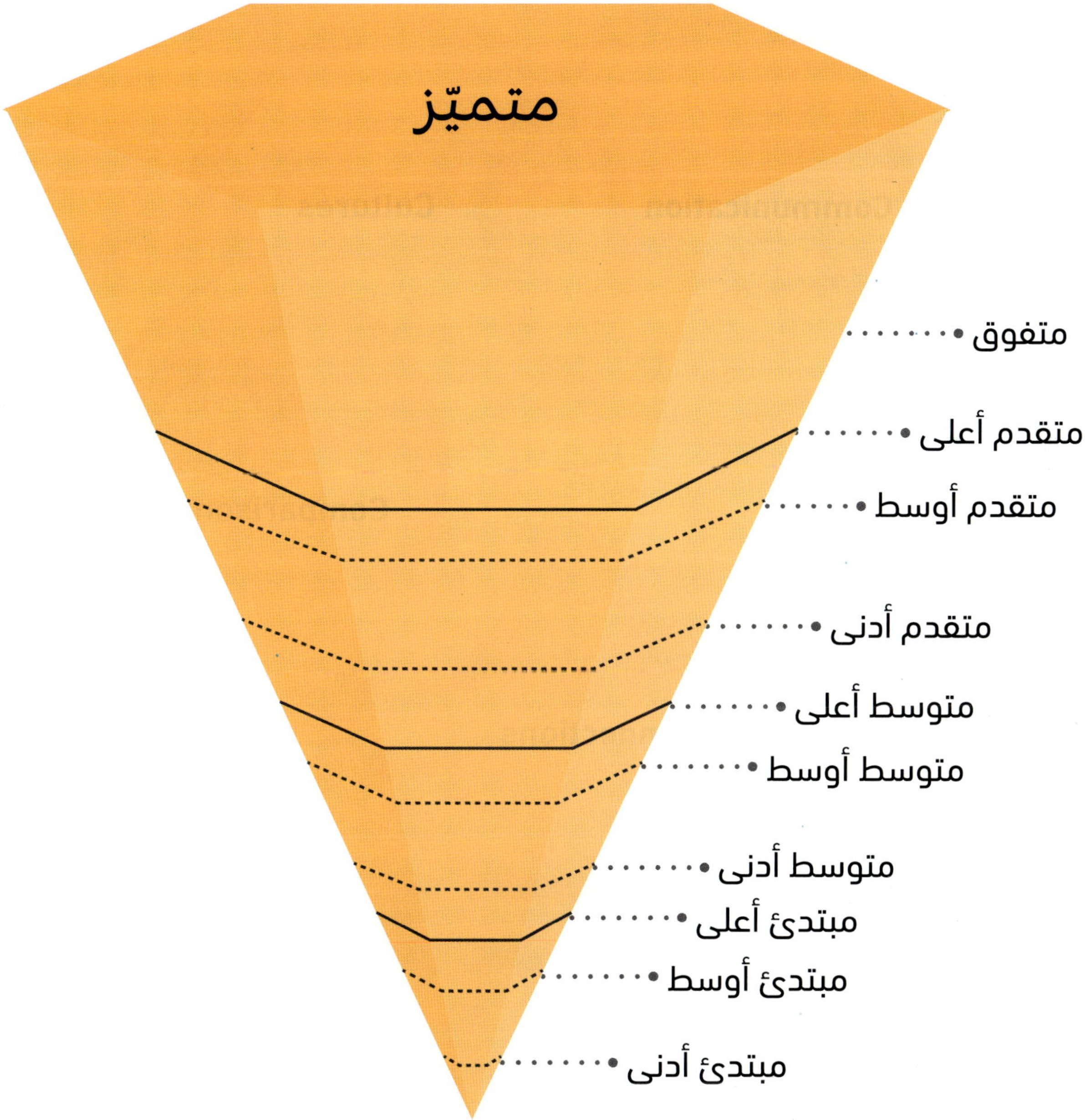

ويتوقّع أن يصل التلميذ، في خلال 9 سنوات من دراسة اللّغة العربيّة، بمعدّل ساعة يوميًّا إلى المستوى المتقدّم الأعلى أو المتميّز.

Language proficiency levels according to (ACTFL):

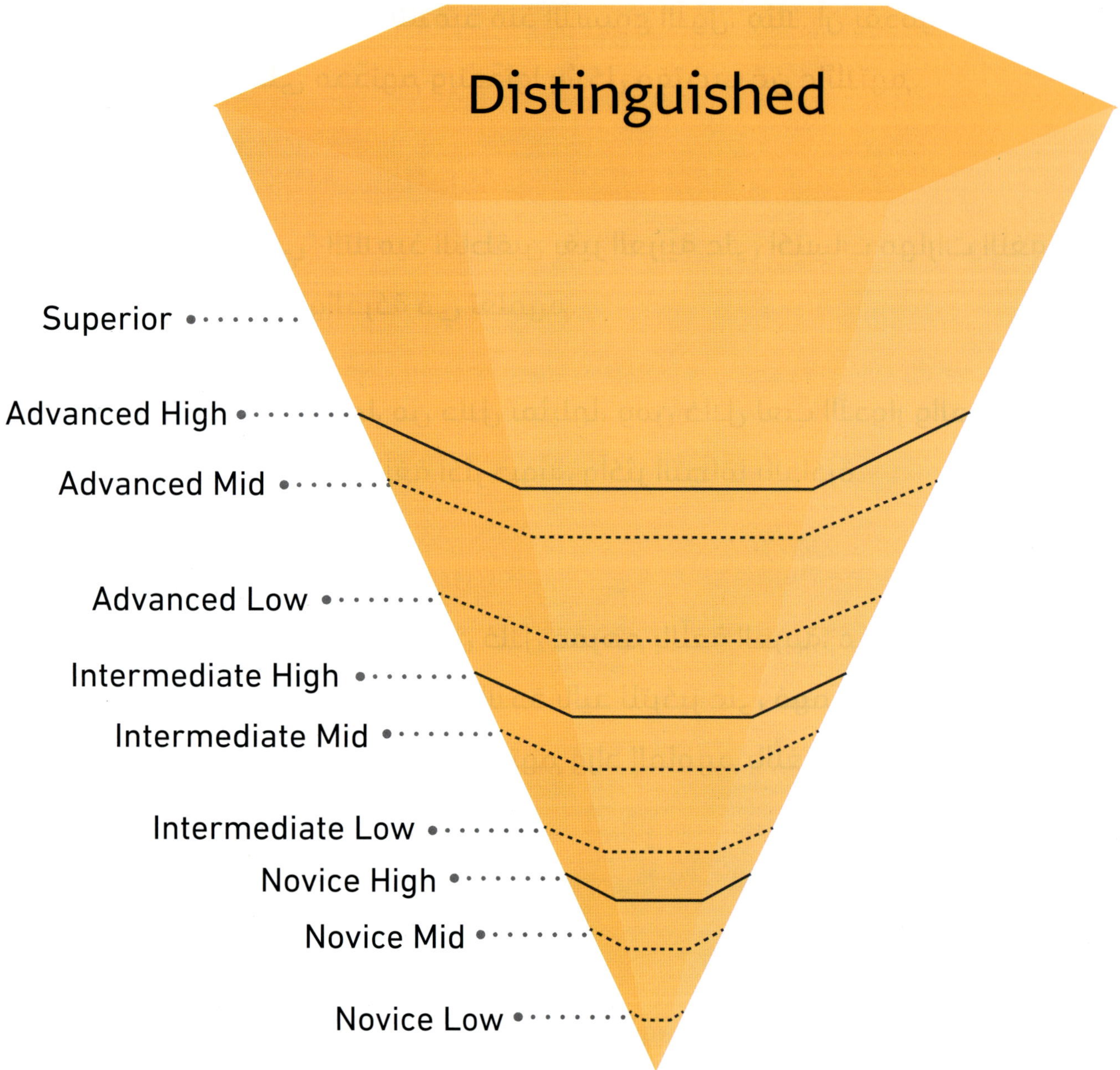

It is expected that within 9 years of sustained studying Arabic for an average of one hour a day, the learner reaches the advanced high or superior proficiency level.

التعلّم المبنيّ على المنحى التواصليّ

يقدّم المنهاج "**بالعربي**" اللّغة العربيّة للناطقين بغيرها، من خلال منحى اللّغة التواصليّ الّذي يركّز على مهارات التواصل، من استماع وتحدّث أوّلًا، كي تساعد التلاميذ على اكتساب اللّغة بسرعة. فيتعلّم التلاميذ منذ الأسبوع الأوّل، مثلًا، أن يقدّموا أنفسهم، وأن يطرحوا السلام على محدّثهم ويتحدّثوا بشكل مقتضب عن عائلاتهم.

التعلّم المبنيّ على اللّعب والحركة

يساعد المنهاج "**بالعربي**" التلاميذ الناطقين بغير العربيّة على اكتساب مهارات اللّغة من خلال توظيف اللّعب والحركة في تعلّمهم.

فيتعلّمون المفردات ومعانيها، من خلال تمثيلها، ومن خلال لعب الأدوار والحركة الهادفة في الصفّ. هكذا يصبح تعلّم اللّغة أكثر حيويّة، وأكثر التصاقًا بالذاكرة.

التعلّم المبنيّ على أدب الأطفال

يساعد المنهاج "**بالعربي**" التلاميذ من خلال غمرهم باللّغة العربيّة، من خلال النصّ الممتع، والحركة، والتكرار، والنمذجة، والأخذ باليد للتركيز على فهم المقروء.
كلّما انغمس الأطفال باللّغة، زادت مفرداتهم وزاد إلمامهم باللّغة، وبمفرداتها، وبثقافتها.

Communicative language approach

"**bilArabi**" curriculum presents the Arabic language to non-native Arabic learners through a communicative language approach that focuses on communication skills (listening and speaking) first, to help the learners acquire the language quickly. For example, learners starting week 1 learn how to present themselves, greet their speaker and talk briefly about their families.

Learning based on children's literature

"**bilArabi**"curriculum supports learners through immersing them in reading, modelling, listening, speaking, discussing, and questioning using short scripts of children's literature. The more children are immersed in the language, the more they become familiar with it, its vocabulary and culture.

Learning based on play and movement

"**BilArabi**" curriculum helps non-native Arabic learners acquire language skills through the use of play and movement in their learning.
They learn the vocabulary and its meanings through role-play and purposeful movement in the classroom. This makes language learning more vivid and memorable.

نَحْكي وَنَسْتَمِعُ

الاستماع لقراءات من أدب الأطفال، ولحوارات في الصف تتناول الحياة اليوميّة تثري مفرداتهم، وتكسبهم معارف لغويّة وثقافيّة باللّغة العربيّة.
يشكّل التواصل الشفويّ للناطقين بغير العربيّة أساسًا للتعلّم، كما تشكّل الحوارات الّتي تدور حول حياة التلاميذ اليوميّة ومواضيع أخرى مهمة في حياتهم (الأصدقاء، الأهل، الأكل والشرب، الهوايات، الألعاب، الأشياء من حولهم) الثيمات الرئيسة لمجمل المواضيع الّتي يتركّز حولها التعلّم بخاصة في المراحل الأولى. تتدرّج بعد ذلك إلى مواضيع أكثر أكاديميّة وعمقًا، عندما يكتسب التلاميذ كفاءة لغويّة تمكّنهم من ذلك.

ورشة المفردات

يساعد المنهاج "**بالعربي**" التلاميذ الناطقين بغير العربيّة على اكتساب مفردات لحياتهم اليومية، وأخرى أكاديميّة يحتاجونها في حياتهم الدراسيّة والمهنيّة. تعليم المفردات يكون بعضه مباشر ومتعمّد، وبعضه يكتسب بشكل غير مباشر من خلال القراءة.

نقرأ

يساعد المنهاج "**بالعربي**" التلاميذ على الانغماس في اللّغة ومفرداتها، واكتشاف أشياء كثيرة عن ثقافتها ستظل مغلقة على الناطق بغير العربيّة إن لم ينخرط بقراءة نصوص من أدب تلك اللّغة. وسيعمل التلاميذ على نصوص عديدة في كلّ سنة تقرّبهم من الثقافة العربيّة، وتثري مفرداتهم، وتراكيبهم اللّغويّة.

Listen & Speak

Listening to readings in children's literature enriches learners' vocabulary and adds to their linguistic and cultural knowledge in Arabic. Oral communication for non-native Arabic learners is the foundation of learning. Songs and conversations about their daily life (friends, parents, food, hobbies, games, etc.) are the main themes learned, especially in early stages. Topics become deeper and more academic when learners acquire the language proficiency that enables them to do so.

Vocabulary workshop

"**BilArabi**" curriculum helps the non-native Arabic learners acquire vocabulary necessary for their daily lives, and other academic vocabulary needed for their academic and professional life. Teaching vocabulary is done directly and deliberately, and is acquired indirectly through reading.

We read together

"**BilArabi**" curriculum helps learners get immersed in Arabic vocabulary and discover many aspects of the culture through its vocabulary. Without children's literature and learning vocabulary, many aspects of learning the language will remain out of their reach. Each year, learners work on a number of texts that bring them closer to the Arabic culture and enrich their vocabulary and linguistic structures.

نكتب

يساعد المنهاج "**بالعربي**" التلاميذ على استخدام الكتابة كطريقة للتواصل، وللتعبير عن النفس. فيبدؤون، ما إن يتعلّموا الحروف، بكتابة أسماء كلّ الأشياء الّتي حولهم في الصفّ، وكتابة لائحة بأسماء الحاجات الّتي يودّون شراءها، ولائحة بأسماء أصدقائهم، إلى أن تتطوّر لغتهم، فيكتبون عن أنفسهم أوّلًا، وعن هواياتهم، وينتقلون منها إلى مواضيع أخرى أطول وأعمق، تتدرّج بحسب كفاءة كلّ منهم اللّغويّة.

ثقافة

يشكّل الوعي الثقافيّ معيارًا أساسيًّا لتعليم الناطقين بغير العربيّة. فغمر التلاميذ باللّغة العربيّة يعني كذلك غمرهم بالثقافة، وبجماليّاتها المختلفة من خطّ عربي، وموسيقى عربيّة، وأمثال شعبيّة عربيّة، وأكلات ومذاقات، ونكهات عربيّة يحتاج التلاميذ إلى تعرّفها والاحتكاك بها لفهم اللّغة عميقًا.

Writing workshop

"**BilArabi**" curriculum helps learners use writing to communicate and express themselves. Once they learn the letters, they start writing the names of the objects around them in the classroom, lists of the items they would like to buy, and lists of their friends' names. Gradually, their language develops and they move on to writing about themselves and their hobbies, then progress from there to longer and deeper topics that are consistent with their language proficiency.

Culture

The cultural awareness is a fundamental criterion in teaching Arabic to non-native Arabic learners. Immersing them in Arabic means immersing them in the Arabic culture and its various facets including Arabic calligraphy, music, folklore, food, cuisines, and flavors that learners need to come across and interact with, in order to understand the language deeply.

listening and speaking

نَحْكي وَنَسْتَمِعُ

Vocab icon

ورشة المفردات

Reading icon

نقرأ

Writing icon

نكتب

Explorative questions icon

أسئلة الاستكشاف

Culture icon

ثقافة

Lessons icon

الدروس

Assessment icon

تقييم

Me and my parents

وقت أقضيه مع أهلي باللغة العربية

الوَحْدَةُ 2

صِلَتُنا بِالْمَكانِ وَالزَّمانِ

الدُّروس:

1 مخترعاتٌ ومُخترعون من القرون الماضية
2 مخترعاتٌ ومُخترعون معاصرون
3 إنترنت الأشياء
4 كيف تُصبحُ مخترعًا؟
5 كيف تؤثّر الاختراعاتُ على المُجتمعات؟
6 قصائد غريبة

الحاجةُ أمِ الاختراع. كيفَ تكونُ التَّحدّياتُ سببًا للبحثِ عن الحُلولِ؟

أسئلةُ الاستكشاف

- كيفَ ساهمتْ إنجازاتُ العُلماءِ القُدماءِ في تسهيلِ حياتنا اليومَ؟
- هل الحاجةُ سببٌ للاختراع؟
- كيفَ تُستخدَمُ التّكنولوجيا لخدمةِ النّاس؟
- كيفَ تُصبحُ مُخترعًا؟
- ما تأثيرُ الاختراعاتِ على المُجتمعات؟
- متى تُقدّرُ الأشياءَ الّتي حَولنا؟

103

(10 دقائق) 2

الهدف: أن يستخرج التلاميذ الفعل المضارع الدّالّ على المستقبل من النصّ.
ذكّر التلاميذ بأنّ من الممكن أن يدلّ الفعل المضارع على المستقبل، عندما تسبقه الكلمة "سوف" أو بإدخال حرف السين عليه؛ أعطِ أمثلة على ذلك.
قسّم التلاميذ إلى مجموعات، واطلب منهم العودة إلى النصّ "إنترنت الأشياء" ليستخرجوا الأفعال المضارعة الدّالّة على المستقبل.

إجابات

ستعلّمك، ستوفّر، سيطلبُ

(15 دقيقة) 3

الهدف: أن يكتب التلاميذ جملًا فعليّة في صيغة المضارع.
اطلب من التلاميذ النظر إلى كلّ صورة، والتحدّث عنها بهدف توليد الأفكار عن موضوعها. ثمّ دعهم ينفّذون التدريب.

إجابات

5. يأخذ السائحون الصور.
6. تعود التلميذات من المدرسة.
7. يعمل الرجل على الحاسوب.
8. تحكي لنا جدّتي القصص الجميلة.

التعليم المتمايز

المبتدئون

يعملون في مجموعات، زوّدهم بأفعال تخدم الصور.

المتقدّمون

يعملون باستقلاليّة، ويقدّمون المساعدة لمن يحتاج إليها.

2 استخرجْ من النّصّ الأفعالَ المضارعةَ الدّالّةَ على المُستقبَل

1. .... 2. .... 3. ....

3 ضمنَ مجموعةٍ ثنائيّةٍ، ألِّفْ حولَ كُلٍّ من الصُّورِ التّاليةِ جُملةً تبدأُ بفعلٍ مضارعٍ:

1. .... 2. ....
3. .... 4. ....

154

الوحدة 2 صلتنا بالمكان والزمان | الدرس 3 إنترنت الأشياء

4 حدِّدِ العلاقةَ بينَ الكلمتينِ المكتوبتينِ بخطٍّ عريضٍ في كُلٍّ من الجُملِ الآتية:

1. الأدواتُ والآلاتُ وسائلُ تتطوّرُ باستمرار. ○ ○ أ. التّضادّ
2. لفتحِ القُفلِ نختارُ المفتاحَ الصّحيحَ. ○ ○ ب. التّرادُف
3. دارَ الطّفلُ في الدّارِ يبحثُ عن أمّه. ○ ○ ج. الجِناس

5 عُدِ المفرداتِ الجديدةَ الّتي تعلّمتَها في هذا الدّرسِ، ليُدوّنَها زميلُك في اللائحة.

6 اُكتُبْ ما يُمليه عليكَ المُعلّمُ.

155

(10 دقائق) 5

الهدف: جمع المفردات الجديدة من الدرس وكتابتها في لائحة، لاستخدامها لاحقًا في تدريبات الكتابة.
وكّل تلميذًا بالتدوين في لائحة المفردات التي كتبها التلاميذ في التدريب 2 من ورشة القراءة.
يعدّد كلّ تلميذ مفرداته الجديدة التي وردت في ورشة المفردات، وتلك التي ظلّلها في كتابه. ويدوّن التلميذ الموكّل المفردات ومعانيها في اللائحة، ثمّ تعلّق على الحائط.
تأكّد من عدم تكرار المفردة.
احرص على اختيار تلميذ جديد في كلّ درس.

(10 دقائق) 6

الهدف: أن يكتب التلاميذ همزة القطع بالشكل الصحيح.
اختر مقطعًا من النصّ أو من مصدر آخر تراه مناسبًا يتضمّن همزة القطع وأمله على التلاميذ.

(10 دقائق) 4

الهدف: أن يحدّد التلميذ العلاقة القائمة بين كلمات في الجمل.
قسّم التلاميذ إلى مجموعات ثنائيّة. اعرض الكلمات التالية على اللوح أو على بطاقات (التضادّ، الترادف، الجناس). اطلب منهم التفكير في معانيها وقد يستخدمون المعجم.
التضادّ: الكلمة وضدّها.
الترادف: الكلمة وشبيهتها في المعنى.
الجناس: تشابه كلمتين في اللّفظ واختلافهما في المعنى.
امنح التلاميذ الآن فرصة لحلّ التدريب باستقلاليّة خلال الزمن المحدّد.

154

أمّا البطاقةُ الثّالثةُ فقدْ كانتْ عنْ أحمد زويل، وهوَ كيميائيٌّ مصريُّ الأصلِ، فازَ بجائزةِ نوبل للكيمياءِ، وأسّسَ مدينةَ زويل للعلومِ والتّكنولوجيا في القاهرةِ، كي تُسهمَ في توفيرِ مكانٍ للطّلبةِ مُتخصّصٍ في مجالَي العلومِ والتّكنولوجيا.
وكانتِ البطاقةُ الرّابعةُ عنْ هيلين كيلر، الأمريكيّةِ الّتي فقدتْ سمعَها وبصرَها وهيَ لمْ تتجاوزْ عامَها الثّاني، ومعَ ذلكَ أصبحتْ لاحقًا أديبةً مشهورةً.

246 247

مصادر البرنامج

(للمستويات 1 إلى 9 للناطقين باللغة العربيّة وللناطقين بغير اللغة العربيّة)

- مصادر المعلم
- كتاب التلميذ متضمنًا قسم الشراكة مع أولياء الأمر
- منصة إلكترونيّة
- الكتب والأنشطة التفاعليّة
- الكتب الإلكترونيّة ومصادر التعلّم الإلكتروني
- أدوات التقويم المعتمدة على البيانات
- التطوير المهنيّ

Resources

(Levels 1 to 9 for Arabic and non-Arabic learners)

- Teacher resources
- Student book including the (engaging with parents) section
- Electronic platform
- Books and interactive activities
- E-books and e-learning resources
- Database-driven assessment tools
- Professional development

المحتويات

الوحدة 1

من نحن؟

تتقصّى هذه الوحدة فكرة الذات الإنسانيّة، والعقائد والقيم، والصحّة الشخصيّة، والجسديّة، والنفسيّة، والاجتماعية، والروحيّة، كما تتقصّى العلاقات الإنسانيّة بما فيها العائلة، والأصدقاء، والمجتمعات، والحقوق والواجبات، ومعنى أن يكون الواحد منّا إنسانًا.

الوحدة 2

صلتنا بالمكان والزمان

تتقصّى هذه الوحدة صلتنا بالمكان والزمان، وتاريخنا الشخصيّ، وبيوتنا ورحلاتنا، والاكتشافات، وهجرات البشر، كما تتقصّى العلاقات والصلات بين الأفراد، والحضارات المحليّة، والعالميّة.

الوحدة 3

كيف نعبّر عن أنفسنا؟

تتقصّى هذه الوحدة الوسائل الّتي نكتشف بها ذواتنا، ونعبّر بها عن أفكارنا، ومشاعرنا، وطبيعتنا، وثقافاتنا، وعقائدنا، وقيمنا. كما تتقصّى الوسائل الّتي نتفكّر بها، ونصقل ابتكاراتنا ونستمتع بها، وبها نقدّر كلّ ما هو جميل من حولنا.

الْوَحْدَةُ

1

مَنْ نَحْنُ؟

الدُّروسُ:

1 اِحْتِفالاتُنا

2 أَكْلاتُنا

3 أَمْثالُنا الشَّعْبِيَّةُ

4 أَلْعابُنا

5 أَزْياؤُنا

6 قَصائِدُ عَرَبِيَّةٌ

كَيْفَ تَخْتَلِفُ ثَقافاتُ الشُّعوبِ وَتَتَشابَهُ؟

أَسْئِلَةُ الِاسْتِكْشافِ

- كَيْفَ نَحْتَفِلُ بِمُخْتَلِفِ الْمُناسَباتِ؟
- كَيْفَ نَأْكُلُ في بِلادِنا؟
- ما هِيَ الْأَمْثالُ الشَّعْبِيَّةُ؟
- كَيْفَ كانَ أَهْلُنا يَلْعَبونَ؟
- لِماذا تَخْتَلِفُ أَزْياءُ الشُّعوبِ؟
- كَيْفَ نَحْتَفي بِأَوْطانِنا؟

الْأَعْيادُ في حَياتِنا

الْكاتِبَةُ: وَفاءُ الشّامِسِيّ - الرَّسّامَةُ: حَنانُ الْقاعي

فَتَحَ داي-لين صُندوقَ الْحُروفِ وَأَخْرَجَ ثَلاثَ بِطاقاتٍ،

مَكْتوبٍ عَلى كُلٍّ مِنْها أَحَدُ الْحُروفِ الْآتِيَةِ: الْياءُ، وَالْعَيْنُ، وَ الدّالُ.

صاحَ آدَمُ: بَدَأَ التَّحَدّي الْآنَ! هَيّا نُكَوِّنْ كَلِماتٍ مِنْ هَذِهِ الْحُروفِ.

وَحينَ انْتَهى الْوَقْتُ، كانَ كُلُّ واحِدٍ مِنْهُمْ قَدْ كَتَبَ الْكَلِمَةَ "عيد".

قالَتْ هَيا: أَنا أَقْصِدُ عيدَ الْعُمّالِ. وَهُوَ عيدٌ سَنَوِيٌّ أُعْلِنَ عَنْهُ قَبْلَ مِئَتَيْ عامٍ في أَميرِكا وَأُسْتُرالْيا وَكَنَدا، عِنْدَما أَضْرَبَ الْعُمّالُ عَنِ الْعَمَلِ وَطالَبوا بِتَقْليصِ عَدَدِ ساعاتِ الْعَمَلِ الْيَوْمِيِّ إِلَى ثَماني ساعاتٍ.

وَصارَ الْأَوَّلُ مِنْ مايو ذِكْرى لِلاحْتِفالِ بِالْعُمّالِ وَتَكْريمِهِمْ.

أَمّا فارِسٌ فَقالَ: أَنا فَكَّرْتُ في عيدِ الشَّجَرَةِ! في هَذا الْعيدِ نَزْرَعُ عَدَدًا كَبيرًا مِنَ الْأَشْجارِ.

اخبار

وَفِكْرَةُ عيدِ الشَّجَرَةِ تَعودُ إِلى الصَّحافي الْأَميرِكِيِّ ستيرلينغ مورْتون. في الْقَرْنِ التّاسِعَ عَشَرَ، كانَتِ الْأَشْجارُ قَليلَةً في الْوِلايَةِ "نِبْراسْكا" حَيْثُ سَكَنَ مورْتون. فَعَمِلَ عَلى أَنْ يَكونَ هُناكَ يَوْمٌ مُخصَّصٌ لِلاحْتِفالِ بِالشَّجَرِ. وَأَخيرًا نَجَحَ في ذَلِكَ، وَاحْتُفِلَ بِهَذا الْيَومِ في الْعاشِرِ مِنْ أَبْريل عامَ 1872م، وَزُرِعَتْ في ذَلِكَ الْيَومِ مَليونُ شَجَرَةٍ تقْريبًا.

صاحَ داي-لين: عيدُ الْأُمِّ!! لَقَدْ أَحْضَرْنا لِأُمّي كَعْكَةً كَبيرَةً، وَكَتَبْنا عَلَيْها: شُكْرًا يا ماما. في تِلْكَ اللَّيْلَةِ انْقَطَعَتِ الْكَهْرَباءُ لِبِضْعِ دَقائِق، وَحينَ عادَتْ، كانَتْ أُخْتي قَدْ تَناوَلَتْ مِنَ الْكَعْكَةِ قَضْمَةً كَبيرَةً قَبْلَ أَنْ تَقْطَعَها أُمّي! وَمَعَ ذَلِكَ فَإِنَّ احْتِفالَنا كانَ رائِعًا.

قالَتْ روزي مُبْتَسِمَةً: جاءَ في بالي الْعيدُ الْوَطَنِيُّ؛ فَنَحْنُ نَسْتَعِدُّ لِلاِحْتِفالِ بِهِ بَعْدَ أُسْبوعَيْنِ. وَسَأُشارِكُ في الْعرْضِ الْغِنائِيِّ عَلى مَسْرَحِ الْمَدينَةِ.

نَظَرَ الْجَميعُ إِلَى آدَمَ وَسَأَلوهُ: وَأَنْتَ يا آدَمُ، ما الْعيدُ الَّذي تَبادَرَ إِلَى ذِهْنِكَ؟

قالَ آدمُ: كُنْتُ أُفَكِّرُ في عيدٍ جَديدٍ، عيدِ اللَّعِبِ، كَيْ أَسْتَمْتِعَ بِاللَّعِبِ كَما يَحْلو لي!

الْمَصادِرُ:

مقال عن عيد العمال - موقع "موضوع"

مقال عن عيد الشجرة - موقع "موضوع"

الْوَحْدَةُ 1

الدَّرْسُ 1

إِحْتِفالاتُنا

كَيْفَ نَحْتَفِلُ بِمُخْتَلِفِ الْمُناسَباتِ؟

الْمُفْرَداتُ

1. التَّحَدّي
2. أَضْرَبَ
3. تَخْصيص
4. تَكْريم
5. بالي

نَحْكي وَنَسْتَمِعُ

1 اِسْتَمِعْ إلى رِسالَةٍ مُسَجَّلَةٍ مِنَ الْمُعَلِّمِ، ثُمَّ أَعِدْ سَرْدَ ما فَهِمْتَهُ لِزَميلٍ لَكَ.

2 حَضِّرْ ضِمْنَ مَجْموعَتِكَ لاحْتِفالٍ تُقيمونَهُ الْأُسْبوعَ الْقادِمَ بِمُناسَبَةِ بَدْءِ السَّنَةِ الدِّراسِيَّةِ.

وَرْشَةُ الْمُفْرَداتِ

1 جِدْ جَذْرَ كُلٍّ مِنَ الْكَلِماتِ الْآتِيَةِ، ثُمَّ ابْحَثْ عَنْ مَعانيها، وَاكْتُبْها في الْجَدْوَلِ التّالي:

	الْكَلِمَةُ	الْجَذْرُ	الْمَعْنى
.1	تَخْصيص		
.2	قَضْمَة		
.3	أَحْضَرَ		

2

ضِمْنَ مَجْموعَتِكَ، اِخْتَرْ مِنْ بَيْنِ الْبَدائِلِ الْمَعْنى الْمُناسِبَ لِكُلٍّ مِنَ الْكَلِماتِ الْمَكْتوبَةِ بِخَطٍّ عَريضٍ.

1. **أَضْرَبَ** الْمُوَظَّفونَ عَنِ الْعَمَلِ يَومَ الْخَميسِ الْفائِتِ.

أ. تابَعَ

ب. تَوَقَّفَ

ج. واظَبَ

2. الْأُمُّ دائِمًا مَشْغولَةُ **الْبالِ** على أَوْلادِها.

أ. الْفِكْرِ

ب. الْجَسَدِ

ج. النَّفْسِ

3. **كَرَّمَ** الْمُوَظَّفونَ مُديرَهُمْ.

أ. أَذَلَّ

ب. قَدَّرَ

ج. اِسْتَخَفَّ

4. **تَحَدّى** سَميرٌ صَديقَهُ في لُعْبَةِ الشَّطْرَنْجِ.

أ. اِسْتَسْلَمَ

ب. اِنْكَسَرَ

ج. نافَسَ

3 اِعْمَلْ ضِمْنَ مَجْموعَتِكَ عَلَى خَريطَةِ كُلٍّ مِنَ الْكَلِماتِ الْآتِيَةِ:

الْمُفْرَدَةُ	الْمُرادِفُ	الضِّدُّ
مُبْتَسِم		
اِنْتَهى		
زَرَعَ		
جَديد		

نَقْرَأُ

1 اِقْرَأ النَّصَّ: "الْأَعْيادُ في حَياتِنا" قِراءَةً مُوَجَّهَةً.

الْكاتِبَة: وَفاءُ الشّامِسي، الرَّسّامَةُ: حَنانُ الْقاعي

2 ظَلِّلِ الْكَلِماتِ الْجَديدَةَ في النَّصِّ، ثُمَّ ابْحَثْ عَنْ مَعْنى كُلٍّ مِنْها وَدَوِّنْها في دَفْتَرِكَ.

3 فَكِّرْ وَتَفَكَّرْ

1. اِشْرَحْ لِزَميلِكَ الْجالِسِ إلى يَمينِكَ مَبْدَأَ اللُّعْبَةِ الْمَذْكورَةِ في النَّصِّ.
2. إذا حَصَلْتَ عَلى الْكَلِمَةِ "عيد"، فَبِأَيِّ عيدٍ تُفَكِّرُ، وَلِماذا؟
3. كَيْفَ تَحْتَفِلُ عائِلَتُكَ بِعيدِ الْأُمِّ؟
4. كَيْفَ تَحْتَفِلُ بِلادُكَ بِعيدِها الْوَطَنِيِّ؟ وَهَلْ تُشارِكُ أَنْتَ في الاِحْتِفالِ؟ كَيْفَ؟

4 اِقْرَأْ مَعَ زُمَلائِكَ النَّصّ مَرَّةً ثانِيَةً قِراءَةً مُشْتَرَكَةً.

5 اِقْرَأْ بِطاقَةَ الدَّعْوَةِ وَانْقُلِ الْمَعْلوماتِ إلى زَميلٍ لَكَ.

6 بَعْدَما قَرَأْتَ وَاسْتَمَعْتَ إلى الْمَعْلوماتِ الْوارِدَةِ في بِطاقاتِ الدَّعَواتِ، اِمْلَأِ الْجَدْوَلَ الْآتِيَ:

الْمُناسَبَةُ	الْمَكانُ	الزَّمانُ	الْمُرْسِلُ	مُلاحَظاتٌ

7 **كَلِماتٌ بَصَرِيَّةٌ أَسْتَطيعُ أَنْ أَقْرَأَها بِسُرْعَةٍ.**

كانَ - أَنا - هَذا - يا - ماما - أَنْتَ

إِقْرَأ الْكَلِماتِ الْمَكْتوبَةَ في الْبِطاقاتِ، ثُمَّ ضَعْ كُلًّا مِنْها في جُمْلَةٍ مِنْ تَأْليفِكَ.

نَكْتُبُ

1 **عُدْ إِلى النَّصِّ، وَارْسُمْ دائِرَةً حَوْلَ الْكَلِماتِ الْمُنْتَهِيَةِ بِتَنْوينِ الضَّمِّ.**

2 ضَعْ مَكانَ الْفَراغِ اسْمًا نَكِرَةً مُناسِبًا وحَرِّكْ آخِرَهُ بِتَنْوينِ الضَّمِّ.

1. نَبَتَتْ ______ في حَديقَتي.

2. هَذا ______ مُشَوِّقٌ.

3. رَكِبَتْ ______ حافِلَةً.

4. جاءَتْ ______ جَديدَةٌ إلى مَدْرَسَتِنا.

3 عَدِّدِ الْمُفْرَداتِ الْجَديدَةَ الَّتي تَعَلَّمْتَها في هَذا الدَّرْسِ، لِيُدَوِّنَها زَميلُكَ في اللّائِحَةِ.

4 حَضِّرْ بِطاقَةَ دَعْوَةٍ تَدْعو بِها أَصْدِقاءَكَ لِلْعيدِ في الْأُسْبوعِ الْقادِمِ!

سَتَحْتَفِلُ الْمَدْرَسَةُ مَعَ طُلّابِها الْأُسْبوعَ الْقادِمَ بِعيدِ اللَّعِبِ.

بَرْنامَجُ الِاحْتِفالِ: نَهارٌ كامِلٌ يُمارِسُ خِلالَهُ الطُّلّابُ شَتّى أَنْواعِ التَّحَدِّياتِ الرِّياضِيَّةِ وَالْفِكْرِيَّةِ وَالِاجْتِماعِيَّةِ.

5

مَشْروعُ الْوَحْدَةِ

صَمِّمْ مَطْوِيَّةً عَنْ بَلَدٍ تَخْتارُهُ، مُرَكِّزًا فيها عَلى الِاحْتِفالاتِ وَالْأَزْياءِ وَالْأَكْلاتِ وَالْأَمْثالِ وَالْأَلْعابِ.

الْمَرْحَلَةُ الْأولى:

دَوِّنْ أَفْكارَكَ ضِمْنَ مَجْموعَتِكَ، مُسْتَخْدِمًا مُخَطَّطَ الْعَصْفِ الذِّهْنِيِّ الْآتِيَ:

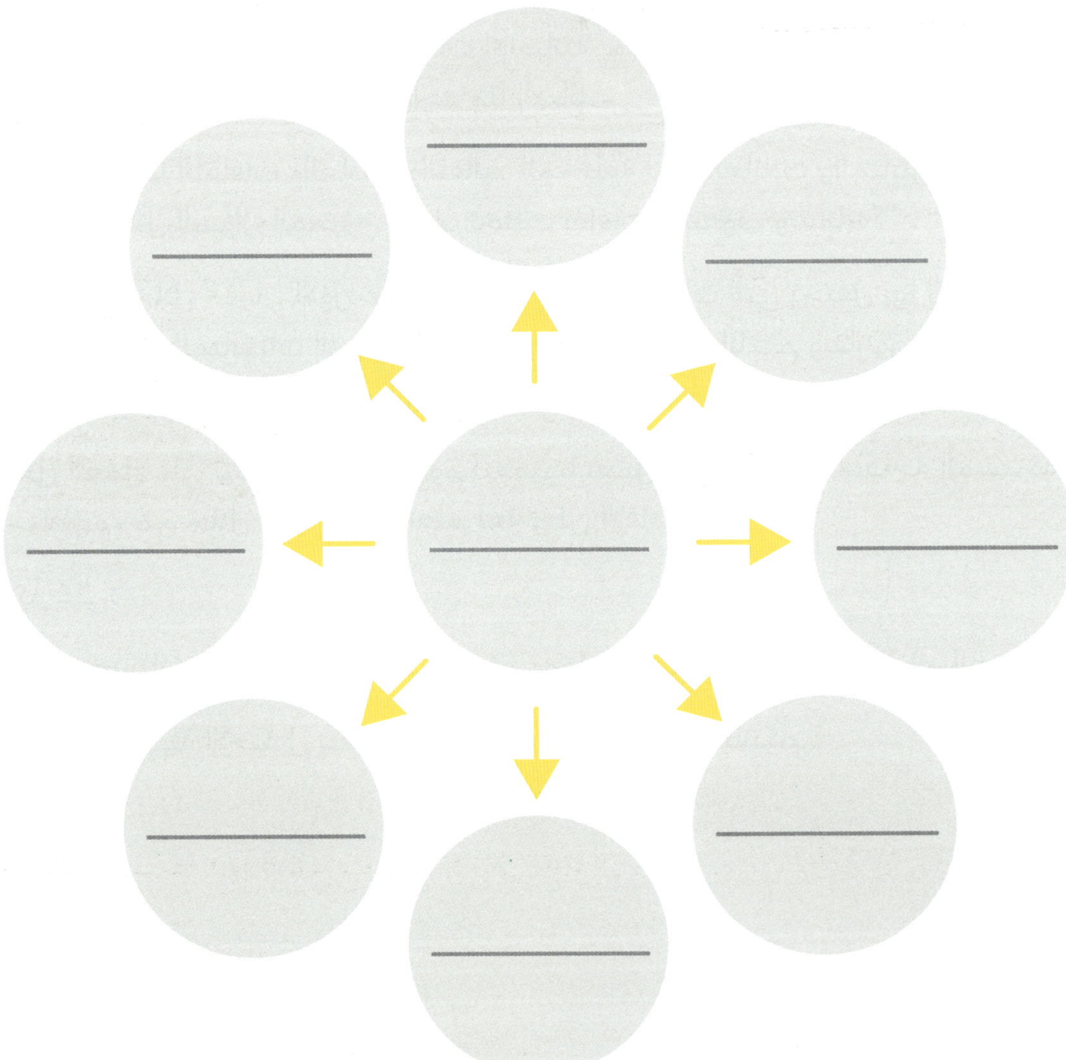

ثَقافَةٌ

ما مَعْنَى الْكَلِمَةِ "فُشار"؟

وَقْتٌ أَقْضيهِ مَعَ أَهْلي بِاللُّغَةِ الْعَرَبِيَّةِ

أعزّائي أولياء الأمور،

سنبدأ هذا الأسبوع الحديث عن الوحدة: "من نحن؟".

تتقصّى هذه الوحدة فكرة الذات الإنسانيّة، والعقائد والقيم، والصحّة الشخصية والجسديّة والنفسيّة والاجتماعية والروحيّة، كما تتقصّى العلاقات الإنسانية بما فيها العائلة، والأصدقاء، والمجتمعات، والحقوق والواجبات ومعنى أن يكون الواحد منّا إنسانًا.

سوف نتناول خلالها الثّقافات والعادات والتّقاليد المختلفة لدى العائلات والمناطق الجغرافيّة والبلدان، من خلال السؤال المحوريّ "كيف تختلف ثقافات الشّعوب وتتشابه؟".

سيعمل أبناؤكم خلال الدّرس الأوّل على تحديد بعض المناسبات الّتي يحتفل بها العالم وما ترمز إليه. كما سيتحدّثون عن المناسبات الّتي يحتفلون بها في بلادهم أو عائلتهم ويقارنون بينها. وسيتدرّبون على كتابة بطاقات دعوة لمناسبة يختارونها بأنفسهم.

ومن خلال العمل على تبسيط هذا المفهوم لتلاميذنا نعمل على توسيع المساحة المشتركة بينهم برغم اختلافهم، من خلال التركيز على تعلّم لغة وطن الإقامة.

نشجّعكم على:

1. التّحدّث مع أبنائكم عن عادات وتقاليد بلادكم ومقارنتها مع عادات وتقاليد البلاد العربيّة.
2. التّحدّث عن كيفيّة الاحتفال ببعض المناسبات الخاصّة في عائلاتكم.

تَقْييمٌ

Me and my parents!

Dear Parents,

The topic of this unit is “Who We Are".

An inquiry into the nature of the self; beliefs and values; personal, physical, mental, social and spiritual health; human relationships including families, friends, communities, and cultures; rights and responsibilities; what it means to be human.

We will focus on the question "What are the similarities and differences between different cultures?" We explore the idea that each family, geographic region, or culture has its own culture and traditions.

In Lesson 1, your child will identify some of the events that the world celebrates and what they symbolize. He / she will also talk about the events that they celebrate in their country or family and compare them. Your child will be trained to write invitation cards for an event of their choice.

In this up-to-date method of teaching Arabic, we focus on the common ground students share and promote tolerance of diversity.

We invite you to follow your child’s classroom activities and work with him / her at home. Listen to his / her enthusiasm and use the suggestions we offer in this section of the book to help him / her enjoy the process of learning Arabic.

Our sugggestions:

1. Talk to your child about your own culture and traditions and compare them with the culture and traditions of the Arab countries.
2. Talk to your child about how you celebrate different occasions in your family.

Assessment

الْوَحْدَةُ 1

الدَّرْسُ 2

أَكْلاتُنا

الْمُفْرَداتُ

1. الثَّمَن
2. رَخيص
3. سَميكَة

كَيْفَ نَأْكُلُ في بِلادنا؟

نَحْكي وَنَسْتَمِعُ

1 أَخْبِرْ زَميلَكَ الْجالِسَ إِلى يَمينِكَ عَنْ طَبَقٍ مِنْ بِلادِكَ، وَاذْكُرْ لَهُ مُكَوِّناتِهِ الْأَساسِيَّةَ.

2 اِسْتَمِعْ إِلى وَصْفَةِ طَعامٍ وَامْلَأْ الْجَدْوَلَ الْآتِيَ مَعَ زَميلٍ لَكَ.

اِسْمُ الطَّبَقِ: ______________________

الْمُكَوِّناتُ	الْمَقاديرُ

3 اِلْتَقِطِ الْكُرَةَ وَسَمِّ نَوْعًا مِنَ الْمَأْكولاتِ الَّتي تَبْدَأُ بِالْحَرْفِ الَّذي يَنْتَهي بِهِ ما سَمّاهُ زَميلُكَ.

وَرْشَةُ الْمُفْرَداتِ

1 اِرْبِطِ الْكَلِمَةَ بِالصّورَةِ الَّتي تُعَبِّرُ عَنْها.

1. الْفُلْفُلُ الْأَسْوَدُ	○	○ أ.	
2. الزَّعْفَرانُ	○	○ ب.	
3. الْهال	○	○ ج.	
4. الْكَمّون	○	○ د.	
5. الشَّطَّة	○	○ هـ.	

2 صِلْ كُلَّ مُفْرَدَةٍ بِالْمَعْنى الْمُناسِبِ لَها.

1. الثَّمَنُ	أ. قَليلُ الثَمَنِ
2. رَخيصٌ	ب. غَليظَةٌ
3. سَميكَةٌ	ج. قيمَةُ الشَّيْءِ وَسِعْرُهُ

3 اِعْمَلْ مَعَ مَجْموعَتِكَ مَجْموعَةَ الصِّفاتِ.

طَبَقٌ	النّارُ
________	________
________	________

نَقْرَأُ

1 اِقْرَأ النَّصّ: "حِمَّصٌ بالطَّحينَةِ" قِراءَةً مُوَجَّهَةً.

الْكاتِبَةُ: د. هَنادا طَهَ

الْحِمَّصُ بِالطَّحينَةِ طَبَقٌ شَهيرٌ جِدًّا في بِلادِ الشّامِ أَحَبَّهُ النّاسُ، لِأَنَّهُ لَذيذُ الطَّعْمِ، سَهْلُ التَحْضيرِ.

حِمَّص حِمَّص بِطَحينَة
لا نَشْبَعُ مِنْهُ لا نَشْبَع
حِمَّص حِمَّص بِطَحينَة

- كوبٌ وَنِصْفُ كوبٍ مِنْ حُبوبِ الْحِمَّصِ
- ثلاثُ مَلاعِقِ طَعامٍ مِنَ الطَّحينَةِ
- رُبْعُ كوبِ عَصيرِ حامِضٍ
- نِصْفُ مِلْعَقَة ثومٍ مَهْروسٍ
- نِصْفُ مِلْعَقَةِ مِلْحٍ
- مِلْعَقَتا طَعامٍ مِنْ زَيْتِ الزَّيْتونِ
- رُبْعُ كوبِ زَيْتونٍ
- عَشْرُ أَوْراقِ نَعْناعٍ طازَجَةٍ
- رَغيفُ خُبْزٍ ساخِنٍ

طَريقَةُ التَّحْضيرِ:

1. أَسْلُقِ الْحِمَّصَ في قِدْرٍ عَلى النّارِ مَعَ رَشَّةِ مِلْحٍ لِمُدَّةِ ساعَةٍ.
2. ضَعِ الْحِمَّصَ بَعْدَها في الْخَلّاطِ الْكَهْرَبائِيِّ وَأَضِفِ الثّومَ، وَالطَّحينَةَ، وَعَصيرَ اللَّيْمونِ الْحامِضِ وَالْمِلْحَ.
3. أَفْرِغِ الْخَليطَ في طَبَقِ التَّقْديمِ وَأَضِفْ زَيْتَ الزَّيْتونِ فَوْقَهُ.
4. رُشَّ الْفُلْفُلَ الْأَسْوَدَ وَزَيِّنْهُ بِأَوْراقِ النَّعْناعِ الطّازَجَةِ وَحَبّاتِ الزَّيْتونِ، وَكُلْهُ مَعَ الْخُبْزِ السّاخِنِ، وَ"صِحَّتَيْنِ وَهَنا".

نَحْكي وَنَسْتَمِعُ

1 أَخْبِرْ زَميلَكَ الْجالِسَ إلى يَمينِكَ عَنْ طَبَقٍ مِنْ بِلادِكَ، وَاذْكُرْ لَهُ مُكَوِّناتِهِ الْأَساسِيَّةَ.

2 اِسْتَمِعْ إلى وَصْفَةِ طَعامٍ وَامْلَأْ الْجَدْوَلَ الْآتِيَ مَعَ زَميلٍ لَكَ.

اِسْمُ الطَّبَقِ: ____________________

الْمُكَوِّناتُ	الْمَقاديرُ

3 اِلْتَقِطِ الْكُرَةَ وَسَمِّ نَوْعًا مِنَ الْمَأْكولاتِ الَّتي تَبْدَأُ بِالْحَرْفِ الَّذي يَنْتَهي بِهِ ما سَمّاهُ زَميلُكَ.

نَقْرَأُ

1 **اِقْرَأ النَّصَّ: "حِمَّص بالطَّحينَةِ" قِراءَةً مُوَجَّهَةً.**

الْكاتِبَةُ: د. هَنادا طَهَ

الْحِمَّصُ بِالطَّحينَةِ طَبَقٌ شَهيرٌ جِدًّا في بِلادِ الشّامِ أَحَبَّهُ النّاسُ، لِأَنَّهُ لَذيذُ الطَّعْمِ، سَهْلُ التَحْضيرِ.

حِمَّص حِمَّص بِطَحينَة

لا نَشْبَعُ مِنْهُ لا نَشْبَع

حِمَّص حِمَّص بِطَحينَة

- كوبٌ وَنِصْفُ كوبٍ مِنْ حُبوبِ الْحِمَّصِ
- ثلاثُ مَلاعِقِ طَعامٍ مِنَ الطَّحينَةِ
- رُبْعُ كوبِ عَصيرِ حامِضٍ
- نِصْفُ مِلْعَقَة ثومٍ مَهْروسٍ
- نِصْفُ مِلْعَقَةِ مِلْحٍ
- مِلْعَقَتا طَعامٍ مِنْ زَيْتِ الزَّيْتونِ
- رُبْعُ كوبِ زَيْتونٍ
- عَشْرُ أَوْراقِ نَعْناعٍ طازَجَةٍ
- رَغيفُ خُبْزٍ ساخِنٍ

طَريقَةُ التَّحْضيرِ:

1. أَسْلِقِ الْحِمَّصَ في قِدْرٍ عَلى النّارِ مَعَ رَشَّةِ مِلْحٍ لِمُدَّةِ ساعَةٍ.
2. ضَعِ الْحِمَّصَ بَعْدَها في الْخَلّاطِ الْكَهْرَبائِيِّ وَأَضِفِ الثّومَ، وَالطَّحينَةَ، وَعَصيرَ اللَّيْمونِ الْحامِضِ وَالْمِلْحَ.
3. أَفْرِغِ الْخَليطَ في طَبَقِ التَّقْديمِ وَأَضِفْ زَيْتَ الزَّيْتونِ فَوْقَهُ.
4. رُشَّ الْفُلْفُلَ الْأَسْوَدَ وَزَيِّنْهُ بِأَوْراقِ النَّعْناعِ الطّازَجَةِ وَحَبّاتِ الزَّيْتونِ، وَكُلْهُ مَعَ الْخُبْزِ السّاخِنِ، وَ"صِحَّتَيْنِ وَهَنا".

الْبَلاليطُ

الْبَلاليطُ طَبَقٌ شَعْبِيٌّ مَشهورٌ في الْخَليجِ الْعَرَبِيّ، يُؤْكَلُ عادَةً في الصَّباحِ وَيُؤْكَلُ أَيْضًا في رَمَضانَ.

بَلاليطُ بَيْضٍ وَشَعيرِيَّة تَأْكُلُها فَطورَ الصُّبْحِيَّة
بَلاليطُ لَذيذَةٌ وَغَنِيَّة حُلْوَةٌ، شَقْراءُ، سُكَّرِيَّة
بَلاليطُ بَلاليطُ بَلاليط أُحِبُّها مِنْ يَدِ أُمّي السَّخِيَّة

الْمُكَوِّناتُ (الْكَمِّيَّةُ كافِيَةٌ لِأَرْبَعَةِ أَشْخاصٍ):

- كيسٌ مِنَ الشَّعيرِيَّةِ النّاعِمَةِ
- كوبٌ وَنِصْفُ كوبٍ مِنَ السُّكَّرِ الْأَبْيَضِ النّاعِمِ
- ثَلاثُ بَيْضاتٍ
- مِلْعَقَتا طَعامٍ مِنَ الزُّبْدَةِ
- مِلْعَقَةُ طَعامٍ مِنَ الزَّيْتِ النَّباتِيِّ
- رُبْعُ كوبِ ماءٍ وَرْدٍ يُنْقَعُ فيهِ الزَّعْفَرانُ
- نِصْفُ مِلْعَقَةِ مِلْحٍ
- نِصْفُ مِلْعَقَةِ هالٍ مَطْحونٍ

طَريقَةُ التَّحْضيرِ:

1. تُسلَقُ الشَّعيرِيَّةُ في ماءٍ مَغْلِيٍّ مَعَ الْمِلْحِ وَالزَّيْتِ.
2. تُصَفّى الشَّعيرِيَّةُ مِنَ الْماءِ، وَتُشْطَفُ بِالْماءِ الْبارِدِ.
3. توضَعُ الزُّبْدَةُ وَالشَّعيرِيَّةُ في قِدْرٍ عَلى النّارِ، وَيُضافُ السُّكَّرُ وَالْهالُ وَالزَّعْفَرانُ إِلَيْها وَتُقَلَّبُ حَتّى تَخْتَلِطَ جَميعُ الْمُكَوِّناتِ، وَيَذوبَ السُّكَّرُ.
4. يُقْلى الْبَيْضُ بِشَكْلٍ يُشْبِهُ الشَّمْسَ أَوِ الْعُيونَ وَيُضافُ إِلَيْهِ الْمِلْحُ وَالْفُلْفُلُ الْأَسْوَدُ.
5. تُسْكَبُ الْبَلاليطُ في طَبَقٍ واسِعٍ، وَيوضَعُ فَوْقَها الْبَيْضُ الْمَقْلِيُّ، وَ"صِحَّتَيْنِ وَهَنا".

الْمَصادِرُ:

وصفة الكشري - موقع المرسال.

2 ظَلِّلِ الْكَلِماتِ الْجَديدَةَ في النَّصِّ، ثُمَّ ابْحَثْ عَنْ مَعْنى كُلٍّ مِنْها وَدَوِّنْها في دَفْتَرِكَ.

3 فَكِّرْ وَتَفَكَّرْ

1. عَدِّدْ مُكَوِّناتِ الْحِمَّصِ بِالطَّحينَةِ وَصَنِّفْها ضِمْنَ الْجَدْوَلِ الْآتي:

حُبوبٌ	خُضارٌ	نَشَوِيّاتٌ	مُطَيِّباتٌ	دُهونٌ

2. ما أَهَمِّيَّةُ الْحِمَّصِ بِالطَّحينَةِ في بِلادِ الشّامِ، وَكَيْفَ انْتَقَلَ إِلى مُعْظَمِ أَنْحاءِ الْعالَمِ في رَأْيِكَ؟
3. هَلْ تَعْرِفُ أَطْباقًا أُخْرى تُعْرَفُ بِها بِلادُ الشّامِ؟
4. أُذْكُرْ أَطْباقًا شَعْبِيَّةً مِنْ بَلَدِكَ، وَعَدِّدْ مُكَوِّناتِها الرَّئيسَةَ.
5. أُذْكُرْ بَعْضَ الْأَطْباقِ وَالْحَلَوِياتِ الرَّمَضانِيَّةِ الْمَشهورَةِ في دُوَلِ الْخَليجِ.

4 اِقْرَأْ مَعَ زُمَلائِكَ النَّصَّ مَرَّةً ثانِيَةً قِراءَةً مُشْتَرَكَةً.

5

اِخْتَرِ الطَّبَقَ الَّذي تُحِبُّ أَنْ تُحَضِّرَهُ مَعَ الْمُعَلِّمِ وَزُمَلائِكَ في الصَّفِّ.

اِقْرَأْ مَعْلوماتِ التَّمْثيلِ الْبَيانِيِّ الْآتي، ثُمَّ طَبِّقْهُ مَعَ زُمَلائِكَ وَفْقَ اخْتِياراتِكُمْ.

الْعَدَدُ	أ. الْحِمَّص بالطَّحينَةِ	ب. الْبَلاليطُ
8		
7		
6		
5		
4		
3		
2		
1		

6

كَلِماتٌ بَصَرِيَّةٌ أَسْتَطيعُ أَنْ أَقْرَأَها بِسُرْعَةٍ.

بابا - في - مِن - مع - كل

اِقْرَأِ الْكَلِماتِ الْمَكْتوبَةَ في الْبِطاقاتِ، ثُمَّ ضَعْ كُلًّا مِنْها في جُمْلَةٍ مِنْ تَأْليفِكَ.

نَكْتُبُ

1

أُكْتُبْ لائِحَةً بِالنَّشاطاتِ الَّتي تَقومُ بِها يَوْمِيًّا، أَعْطِ تَفاصيلَ عَنِ الطَّعامِ الَّذي تَأْكُلُهُ.

2 عُدْ إِلى النَّصِّ، وَارْسُمْ دائِرَةً حَوْلَ الْكَلِماتِ الْمُنْتَهِيَةِ بِتَنْوينِ الضَّمِّ ومُرَبَّعًا حَوْلَ الْكَلِماتِ الْمُنْتَهِيَةِ بِتَنْوينِ الكَسْرِ.

3 اِسْتَوْحِ مِنَ الصّورَتَيْنِ الْآتِيَتَيْنِ لِتَكْتُبَ جُمْلَةً فيها تَشْبيهٌ.

4 أُكْتُبْ ما يُمْليهِ عَلَيْكَ الْمُعَلِّمُ.

5 عَدِّدِ الْمُفْرَداتِ الْجَديدَةَ الَّتي تَعَلَّمْتَها في هَذا الدَّرْسِ لِيُدَوِّنَها زَميلُكَ في اللّائِحَةِ.

6 مَشْروعُ الْوَحْدَةِ

صَمِّمْ مَطْوِيَّةً عَنْ بَلَدٍ تَخْتارُهُ، مُرَكِّزًا فيها عَلى الِاحْتِفالاتِ وَالْأَزْياءِ وَالْأَكْلاتِ وَالْأَمْثالِ وَالْأَلْعابِ.

الْمَرْحَلَةُ الثّانِيَةُ:

أ. نَظِّمْ أَفْكارَكَ وَاسْتَخْدِمْ مُخَطَّطَ تَنْظيمِ الْأَفْكارِ أَدْناهُ لِمُساعَدَتِكَ.

الْعُنْوانُ	
الْمُقَدِّمَةُ	
تَفاصيلُ مُهِمَّةٌ	
تَفاصيلُ مُهِمَّةٌ	
تَفاصيلُ مُهِمَّةٌ	
الْخاتِمَةُ	

ب. تَأَكَّدْ مِنْ عَمَلِكَ مِنْ خِلالِ شَبَكَةِ التَّقْييمِ الْآتِيَةِ:

أُراجِعُ عَمَلي: تَنْظيمُ الْأَفْكارِ.			
صَنَّفْتُ الْأَفْكارَ في الْمُقَدِّمَةِ لِأَعْرِضَ فِكْرَةَ الْمَوْضوعِ.			
صَنَّفْتُ الْأَفْكارَ في صُلْبِ الْمَوْضوعِ لِأُبَيِّنَ تَفاصيلَ الْفِكْرَةِ.			
صَنَّفْتُ الْأَفْكارَ في النِّهايَةِ لِأُلَخِّصَ كُلَّ الْفِكْرَةِ.			
تَأَكَّدْتُ مِنْ وُضوحِ الْفِكْرَةِ الرَّئيسَةِ.			
تَأَكَّدْتُ مِنْ صِحَّةِ أَفْكاري.			
راعَيْتُ عَناصِرَ الْجِنْسِ الْأَدَبِيِّ الَّذي كَتَبْتُهُ.			
أَضَفْتُ تَفاصيلَ مُهِمَّةً وَمُشَوِّقَةً تَجْذِبُ الْقارِئَ.			

ثَقافَةٌ

الْحِمَّصُ نَباتٌ زِراعِيٌّ.

وَقْتٌ أَقْضيهِ مَعَ أَهْلي بِاللُّغَةِ الْعَرَبِيَّةِ

أعزّائي أولياء الأمور،

خلال الدّرس الثّاني من هذه الوحدة "من نحن؟" سيتعرّف أبناؤكم إلى بعض الأطباق الشّعبيّة في الدّول العربيّة، سيقرؤون بعض الوصفات ويتعرّفون إلى المكوّنات والمقادير وطرائق التّحضير. سوف يكتشفون أنّ الأكلات هي في العادة انعكاس لما يُزرع في كلّ منطقة وبلد، وانعكاس كذلك للوضع الاقتصاديّ للبلد. سنحضّر طبقًا يختاره التّلاميذ في الصّف. سنتعرّف كذلك إلى التّمثيل البيانيّ ونستعمل التّشبيه في كتاباتنا. كما سيتابعون التدرّب على الكلمات البصرية المحدّدة في الدرس، وتنوينَي الضمّ والكسر، بالإضافة إلى مفردات الدرس الجديدة.

نشجّعكم على:

1. تحضير بعض الأطباق المشهورة في بلادكم مع أبنائكم، وتزويدهم بالوصفات لعرضها في الصّف.
2. التّحدّث مع أبنائكم عن العلاقة بين مأكولاتكم الشّعبيّة والأوضاع الاقتصاديّة لبلادكم.

تَقْييمٌ

Me and my parents!

Dear Parents,

The topic of this unit is “Who We Are". In Lesson 2, we focus on the theme of Arabic food. We explore some recipes for Arabic dishes and students will cook and taste one Arabic dish of their choice. Students will discover that food is usually a reflection of what is grown in each region and country, as well as a country's economic situation.
They will also learn new vocabulary and use infographs to show their understanding of the topic.

Our suggestions:

1. Prepare some of the dishes of your culture and share the recipes in class.
2. Have a discussion with your child aboutthe differences and similarities between the Arabic dishes and the dishes of your own country.

Assessment

أَمْثالُنا الشَّعْبِيَّةُ

الْكاتِبُ: حُسَيْن الْمطَوَّع - الرَّسامُ: عاطِف خُضَر

كانَتِ الْأُسْرَةُ في حَديقَةِ الْحَيْوانِ، اِلْتَفَتَ الْأَبُ فَجْأَةً وَقالَ: أَيْنَ يوسُفُ؟ تَلَفَّتَ الْجَميعُ حَوْلَهُمْ يَبْحَثونَ عَنْهُ، قالَتِ الْأُمُّ: ها هُوَ يوسُفُ مُتَعَلِّقٌ فَوْقَ شِباكِ قَفَصِ الْقُرودِ. فَقالَ: أوه! يوسُفُ هَذا تَأَبَّطَ شَرًّا. كانَتْ ريمٌ تَضْحَكُ عَلى مَنْظَرِ أَخيها مَعَ القُرودِ، وَسَأَلَتْ: أَبي، ماذا يَعْني تَأَبَّطَ شَرًّا؟

اِبْتَسَمَ والِدُها وَأَجابَ: قَديمًا كانَ هُناكَ رَجُلٌ اسْمُهُ ثابِتُ بْنُ جابِرٍ، وَكانَ الْكُلُّ يَخافُ مِنْهُ وَمِنْ مَشاكِلِهِ. في أَحَدِ الْأَيّامِ صادَ مَجْموعَةً مِنَ الْأَفاعي، فَدَخَلَ قَرْيَتَهُ وَسارَ وَهُوَ مُتَأَبِّطٌ الْأَفاعِيَ، وَتَأَبَّطَها يَعْني حَمَلَها تَحْتَ إِبْطِهِ، فَلَقَّبَهُ النّاس "تَأَبَّطَ شَرًّا".

وَمُنْذُ ذَلِكَ الْحينِ، صارَ الْعَرَبُ كُلَّما رَأَوْا شَخْصًا مُشاغِبًا قالوا تَأَبَّطَ شَرًّا، وَأَصْبَحَتْ هَذِهِ الْجُمْلَةُ مِنَ الْأَمْثالِ الشَّهيرَةِ.

فَقالَت ريمٌ: ما الْأَمَثالُ يا أَبي؟

أَجابَ الْأَبُ: الْأَمْثالُ هِيَ أَقْوالٌ قَصيرَةٌ، تَنْتَشِرُ بَيْنَ النّاسِ، يَسْتَخْدِمونَها لِيُعَبِّروا عَنْ مَشاعِرِهِمْ تِجاهَ مَواقِفِ الْحَياةِ الْمُخْتَلِفَةِ، مِثْلِ الْخَيرِ وَالشَّرِّ وَالْحُزْنِ وَالْفَرَحِ.

بَيْنَما كانَتِ الْأُسْرَةُ تُشاهِدُ عَرْضَ الدَّلافينِ، ضَرَبَ أَحَدُها بِذَيْلِهِ الْماءَ بِقُوَّةٍ، وَرَشَّ الْجَماهيرَ الْجالِسَةَ. اِقْتَرَبَ الْوالِدُ مِنِ ابْنَتِهِ وَقالَ لَها: يُذَكِّرُني هَذا بِمَثَلٍ آخَرَ عِنْدَ الْعَرَبِ، حَيْثُ يَقولونَ: مَنْ يَخَفِ الْبَلَلَ لا يَصْطَدِ السَّمَكَ. هَل تَعْرِفينَ مَتى يُسْتَخْدَمُ؟

قالَتْ مُتَحَمِّسَةً: نَعَمْ، نَقولُهُ لِلشَّخْصِ الَّذي يَخافُ مِنَ السَّمَكِ.

اِبْتَسَمَ الْأَبُ وَقالَ: لَيْسَ تَمامًا، هَذا الْمَثَلُ يُقالُ لِلشَّخْصِ الَّذي يُريدُ الْحُصولَ عَلى كُلِّ شَيْءٍ بِسُهولَةٍ، فَإِنْ كُنّا نَخافُ مِنَ الْبَلَلِ، فَلَنْ نَسْتَطيعَ أَبَدًا أَنْ نَصْطادَ السَّمَكَ.

في بِلادِ الشّامِ لَدَيهِمْ مَثَلٌ، يَقُولونَ: "بِتْقِلّو ثور، بِقِلَّكْ حْلِبو" وَمَعْناهُ: تَقُولُ لِأَحَدِهِمْ إِنَّ هَذا الْحَيْوانَ ثَوْرٌ، فَيَقُولُ لَكَ: أُحْلُبْهُ! ... هَلْ هَذا مُمْكِنٌ؟

قالَتْ ريمُ: لا، لِأَنَّنا نَسْتَخْرِجُ الْحَليبَ مِنَ الْبَقَرَةِ لا مِنَ الثَّوْرِ.

فَقالَ والِدُها: صَحيحٌ، وَهَذا الْمَثَلُ يُقالُ لِلشَّخْصِ الْعَنيدِ. وَهُناكَ أَمْثالٌ تَشْتَرِكُ فيها كُلُّ الدُّوَلِ الْعَرَبِيَّةِ وَمِنْها: "الْجارُ قَبْلَ الدّارِ"، وَ"ضَرَبَني وَبَكى سَبَقَني وَاشْتَكى"، وَ"غابَ الْقِطُّ، اِلْعَبْ يا فَأْرُ".

أَمْثالُنا الشَّعْبِيَّةُ

ما هِيَ الْأَمْثالُ الشَّعْبِيَّةُ؟

الْمُفْرَداتُ

1. اِلْتَفَتَ
2. مُشاغِبٌ
3. تَنْتَشِر
4. الْجَماهير

نَحْكي وَنَسْتَمِعُ

1 "مَطْرَحْ ما يَسْري يَمري"!

إِبْحَثْ ضِمْنَ مَجموعَتِكَ عَنْ هَذِهِ الْمَقولَةِ: مَتى تُسْتَخْدَمُ؟ ماذا تَعْني؟

2 اِسْتَمِعْ إِلى عَدَدٍ مِنَ الْأَمْثالِ الشَّعْبِيَّةِ الْمُسَجَّلَةِ وَناقِشْها ضِمْنَ مَجْموعَتِكَ.

3 أَعْطِ مَثَلاً شَعْبِيًّا مِنْ بِلادِكَ، ثُمَّ حاوِلْ أَنْ تَجِدَ ما يُقابِلُهُ باللُّغة الْعَرَبِيَّةِ.

وَرْشَةُ الْمُفْرَداتِ

1 جِدْ جَذْرَ الْكَلِماتِ الْآتِيَةِ، ثُمَّ ابْحَثْ عَنْ مَعانيها وَاكْتُبْها في الْجَدْوَلِ التّالي:

	الْكَلِمَةُ	الْجَذْرُ	الْمَعْنى
.1	مَنْظَر		
.2	أَقْوال		
.3	مُتَعَلِّق		

2

ضِمْنَ مَجْموعَتِكَ، اِخْتَرْ مِنْ بَيْنِ الْبَدائِلِ الْمَعْنى الْمُناسِبَ لِكُلٍّ مِنَ الْكَلِماتِ الْمَكْتوبَةِ بِخَطٍّ عَريضٍ.

1. **اِلْتَفَتَ** الْوَلَدُ لِيَرى زَميلَهُ.

أ. نَظَرَ مِنْ حَوْلِهِ

ب. ذَهَبَ

ج. صَرَخَ

2. **تَنْتَشِرُ** الْأَخْبارُ بِسُرْعَةٍ بَيْنَ أَبْناءِ الْقَرْيَةِ.

أ. تُنْسى

ب. تُعْرَفُ

ج. تُخَبَّأُ

3. عاقَبَتِ الْأُمُّ ابْنَها **الْمُشاغِبَ**.

أ. الْمُشاكِسَ

ب. الْمَريضَ

ج. الْمُهَذَّبَ

4. صَفَّقَتِ **الْجَماهيرُ** لِلْعَرْضِ الْموسيقِيِّ.

أ. الْأُمَّهاتُ

ب. الْأَوْلادُ

ج. الْجَمْعُ

3 **اِعْمَلْ مَعَ مَجْموعَتِكَ عَلى مَجْموعَةِ عائِلَةِ الْكَلِمَةِ:**

نَسْتَخْرِجُ

______ ______ ______ ______

نَقْرَأُ

1 **اِقْرَأِ النَّصَّ: "أَمْثالُنا الشَّعْبِيَّةُ" قِراءَةً مُوَجَّهَةً.**

الْكاتِبُ: حُسَيْن الْمطوّع، الرَّسّامُ: عاطِف خُضْر

2 **ظَلِّلِ الْكَلِماتِ الْجَديدَةَ في النَّصِّ، ثُمَّ ابْحَثْ عَنْ مَعْنى كُلٍّ مِنْها وَدَوِّنْها في دَفْتَرِكَ.**

3 **فَكِّرْ وَتَفَكَّرْ**

1. ما هِيَ الْأَمْثالُ؟
2. قَسِّمِ النَّصَّ إلى فِقْراتٍ وَأَعْطِ عُنْوانًا لِكُلِّ فِقْرَةٍ.
3. اِشْرَحِ الْأَمْثالَ التّالِيَةَ: "الْجارُ قَبْلَ الدّارِ"، "ضَرَبَني وَبَكى سَبَقَني وَاشْتَكى"، وَ"غابَ الْقِطُّ، اِلْعَبْ يا فَأْرُ".
4. الْأَمْثالُ قَديمَةٌ جِدًّا وما زِلْنا نُرَدِّدُها في يَوْمِنا هَذا. اِشْرَحْ كَيْفَ وَصَلَتْ إِلَيْنا.
5. أَعْطِ مَثَلًا عَرَبِيًّا أَحْبَبْتَهُ وَاشْرَحْهُ.

4 **اِقْرَأْ مَعَ زُمَلائِكَ النَّصَّ مَرَّةً ثانِيَةً قِراءَةً مُشْتَرَكَةً.**

5 **كَلِماتٌ بَصَرِيَّةٌ أَسْتَطيعُ أَنْ أَقْرَأَها بِسُرْعَةٍ.**

بَيْت - باب - قالَ - ما - أَنْ - سِتَّة

اِقْرَأِ الْكَلِماتِ الْمَكْتوبَةَ في الْبِطاقاتِ قِراءَةً صامِتَةً، ثُمَّ الْعَبْ لُعْبَةَ الذّاكِرَةِ.

نَكْتُبُ

1 **اِخْتَرِ الْإِجابَةَ الصَّحيحَةَ، وَاكْتُبْها في الْفَراغِ.**

1. حَضَرَ حُسامٌ إِلى الْمَدْرَسَةِ ________

أ. مُبْكِرًا
ب. مُبْكِرٌ
ج. مُبْكِرَن

2. رَأَيْتُ السَّيّارَةَ ________

أ. مُسْرِعَتًا
ب. مُسْرِعَتَن
ج. مُسْرِعَةً

3. حَلَّقَتِ الطّائِرَةُ ________ فَوْقَ الْغُيومِ.

أ. عالِيٍّ
ب. عالِيًا
ج. عالي

4. رَأَيْتُ عُصْفورًا ________ عَلى الشَّجَرَةِ.

أ. صَغيرٍ
ب. صَغيرًا
ج. الصَّغيرَ

2 اِسْتَوْحِ مِنَ الصّورَتَيْنِ التّالِيَتَيْنِ لِتَكْتُبَ جُمْلَةً فيها تَشْبيهٌ.

3 أُكْتُبْ ما يُمْليهِ عَلَيْكَ الْمُعَلِّمُ.

4 عَدِّدِ الْمُفْرَداتِ الْجَديدَةَ الَّتي تَعَلَّمْتَها في هَذا الدَّرْسِ، لِيُدَوِّنَها زَميلُكَ في اللّائِحَةِ.

5 أُكْتُبْ رِسالَةً إِلى صَديقٍ تَشْرَحُ لَهُ فيها مَثَلًا تَخْتارُهُ. اِسْتَخْدِمِ النَّموذَجَ الْآتِيَ:

الْيَومُ: ______

التّاريخُ: ______

الْمَوْضوعُ: حِكايَةُ مَثَلٍ

صَديقي الْعَزيزَ ______

تَحِيَّةً طَيِّبَةً وَبَعْدُ،

بَعْدَ السُّؤالِ عَنْكَ وَالِاطْمِئْنانِ عَلى صِحَّتِكَ، اِخْتَرْتُ لَكَ الْيَوْمَ الْمَثَلَ الْآتِيَ:

"______"، وَاسْمَحْ لي بِأَنْ أَشْرَحَ لَكَ حِكايَتَهُ:

______

______

______

______

وَإِلى اللِّقاءِ في رِسالَةٍ ثانِيَةٍ

مَعَ الشُّكْرِ

صَديقُكَ الْمُخْلِصُ: ______

6

مَشْروعُ الْوَحْدَةِ

صَمِّمْ مَطْوِيَّةً عَنْ بَلَدٍ تَخْتارُهُ، مُرَكِّزًا فيها عَلى الِاحْتِفالاتِ وَالْأَزْياءِ وَالْأَكْلاتِ وَالْأَمْثالِ وَالْأَلْعابِ.

الْمَرْحَلَةُ الثّالِثَةُ:

أ. طَوِّرْ أَفْكارَكَ، مِنْ خِلالِ إِضافَةِ مُفْرَداتٍ دَقيقَةٍ وَغَنِيَّةٍ تَجْعَلُ ما تَكْتُبُهُ أَفْضَلَ.

	مِنْ مُخَطَّطِ تَنْظيمِ الْأَفْكارِ	إِضافَةُ الْمُفْرَداتِ
الْعُنْوانُ		
الْمُقَدِّمَةُ		
تَفاصيلُ مُهِمَّةٌ		
تَفاصيلُ مُهِمَّةٌ		
تَفاصيلُ مُهِمَّةٌ		
النِّهايَةُ		

ب. أُكْتُبِ الْمُسَوَّدَةَ الْأولى في دَفْتَرِ الْكِتابَةِ، ثُمَّ نَقِّحْها مَعَ زَميلِكَ.

ج. تَأَكَّدْ مِنْ عَمَلِكَ مِنْ خِلالِ شَبَكَةِ التَّقْييمِ الْآتِيَةِ:

أُراجِعُ عَمَلي وَعَمَلَ زَميلي: إِضافَةُ الْمُفْرَداتِ			
إِخْتَرْتُ مُفْرَداتٍ بَليغَةً فيها لَوْنٌ وَصَوْتٌ وَرائِحَةٌ.			
إِخْتَرْتُ مُفْرَداتٍ مُخْتَلِفَةً مِنَ الْمُعْجَمِ الَّذي أَعْرِفُهُ.			
إِسْتَخْدَمْتُ مُفْرَداتٍ تَخْدِمُ الْجِنْسَ الْأَدَبِيَّ.			

ثَقافَةٌ

ما مَعْنى الْمَثَلِ الشَّعْبِيِّ: "خَلّيكْ مَع الْعَيّار لِحَدّ بابِ الدّار"؟

وَقْتٌ أَقْضيهِ مَعَ أَهْلي بِاللُّغَةِ الْعَرَبِيَّةِ

أعزّائي أولياء الأمور،

خلال الدّرس الثّالث من هذه الوحدة "مَنْ نَحْنُ؟" سيتعرّف أبناؤكم إلى بعض الأمثال الشّعبيّة المتداولة في الدول العربيّة، بشرح البعض منها والمقارنة بينها وبين أمثال أجنبيّة.

ستعرفون أيضًا مفردات الدرس الجديدة، والكلمات البصريّة، وكذلك تنوين الفتح وأصول كتابة رسالة باللغة العربيّة يشرحون فيها حكاية مثل.

نشجّعكم على:

1. الاستمتاع بنطق أبنائكم لبعض الأمثال العربيّة.
2. المشاركة في تسجيل نشاط التمثيل لمثل عربيّ.
3. تعريف أبنائكم إلى بعض الأمثال الشّعبيّة المتداولة في بلادكم.

تَقْييمٌ

Me and my parents!

Dear Parents,

The topic of this unit is "Who We Are". In Lesson 3, we focus on the theme of Arabic proverbs and their meanings. Students will compare Arabic proverbs with proverbs from their own culture. They will learn new vocabulary and how to write a letter in Arabic.

Our suggestions:

1. Listen to your child read Arabic proverbs.
2. Make a recording of your child reading Arabic proverbs.
3. Introduce your child to some proverbs from your own culture.

Assessment

أَلْعابُنا

كَيْفَ كانَ أَهْلُنا يَلْعَبونَ؟

الْمُفْرَداتُ

1. ابْتَكَروا
2. الْمُحْتَرِفين
3. يَتَعَدّى
4. الِالْتِفات
5. مُرَدِّدٌ

نَحْكي وَنَسْتَمِعُ

1 قارِنْ مَعَ زَميلِكَ بَيْنَ أَلْعابِ الْماضي وَأَلْعابِ الْحاضِرِ.

2 ضِمْنَ مَجْموعَتِكَ، اِصْنَعْ طائِرَةً مِنْ وَرَقٍ وَاشْرَحْ لِزُمَلائِكَ كَيْفِيَّةَ صِناعَتِها.

3 اِخْتَرْ مُلْصَقًا، اِقْرَأْهُ ثُمَّ أَجِبْ عَنْ أَسْئِلَةِ زَميلِكَ.

وَرْشَةُ الْمُفْرَداتِ

1 ضِمْنَ مَجْموعَتِكَ، صِلْ كُلَّ كَلِمَةٍ بِالصّورَةِ الَّتي تُعَبِّرُ عَنْها.

1. تَجْري ○ ○ أ. 

2. التَّنافُسُ ○ ○ ب. 

3. اِبتَكَرَ ○ ○ ج. 

2 صِلْ كُلَّ مُفْرَدَةٍ بِالْمَعْنى الْمُناسِبِ لَها.

1. اِبْتَكَرَ	○ ○	أ. تَجاوَزَ
2. مُحْتَرِف	○ ○	ب. كَرَّرَ
3. تَعَدّى	○ ○	ج. مُتْقِن
4. اِلْتَفَتَ	○ ○	د. اِخْتَرَعَ
5. رَدَّدَ	○ ○	هـ. نَظَرَ إلى الْوَراءِ

3 اِسْتَكْشِفِ الْحَقْلَ الْمُعْجَمِيَّ لِلْكَلِمَةِ الْآتِيَةِ:

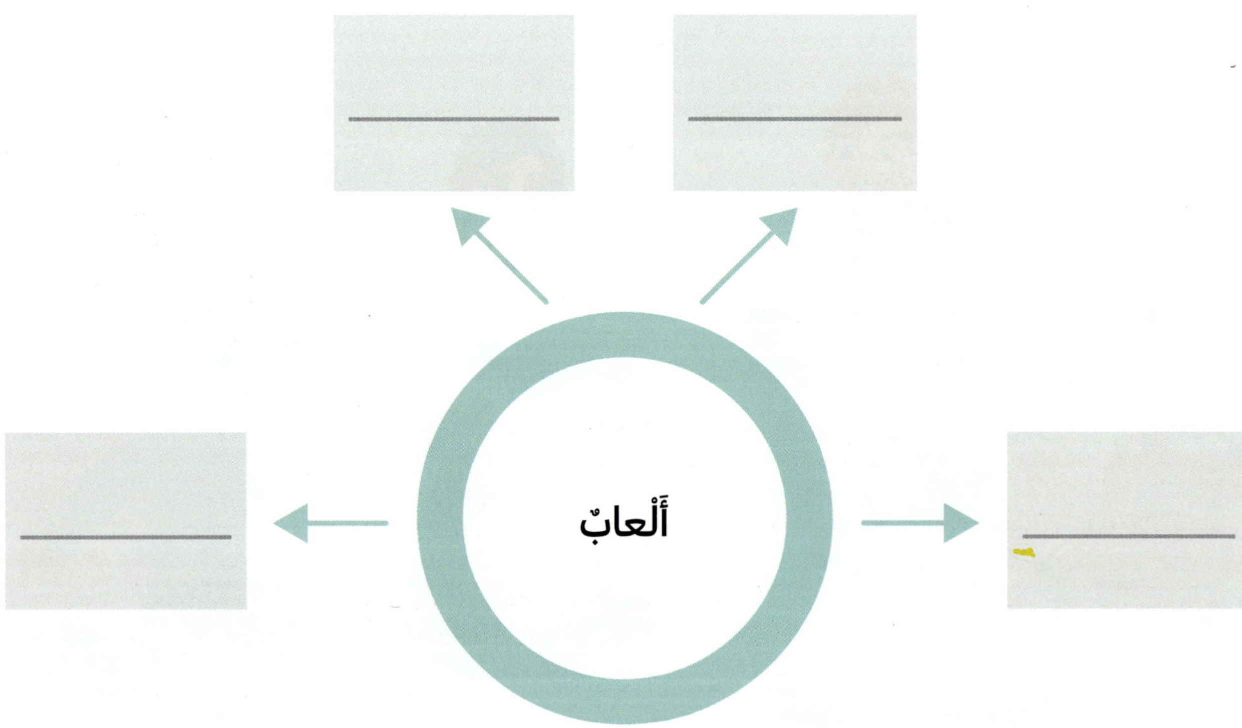

نَقْرَأُ

1 اِقْرَأ النَّصَّ: "أَلْعابٌ شَعْبِيَّةٌ" قِراءَةً مُوَجَّهَةً.

الْكاتِب: فَرَجُ الظّفيْريّ

الْأَلْعابُ الشَّعْبِيَّةُ كَثيرَةٌ، وَهي أَلْعابٌ بَسيطَةٌ وَغَيْرُ خَطِرَةٍ، تَرْسُمُ عَلَى وُجوهِ الْأَطْفالِ الْفَرَحَ، وَتُعَلِّمُهُمُ التَّنافُسَ في مَرَحٍ.

كُرَةُ الشَّرابِ

كانَ الْأَطْفالُ في الْأَحْياءِ الْفَقيرَةِ في مِصْرَ يُتابِعونَ مُبارَياتِ كُرَةِ الْقَدَمِ عَلَى التِّلِفِزْيون، وَلَمْ يَكُنْ بِاسْتِطاعَتِهِمْ شِراءُ كُراتٍ جَديدَةٍ، فابْتَكَروا كُرَةَ قَدَمٍ مَصْنوعَةً مِنْ جَوارِبَ قَديمَةٍ كانوا يَحْشونَها بِالْقُطْنِ أَوْ بِقِطَعِ قُماشٍ، وَكانوا يَتَنافَسونَ في مُبارَياتٍ تُشْبِهُ مُبارَياتِ دَوْرِيِّ كُرَةِ الْقَدَمِ لِلْمُحْتَرِفينَ.

نَحْكي وَنَسْتَمِعُ

1 قارِنْ مَعَ زَميلِكَ بَيْنَ أَلْعابِ الْماضي وَأَلْعابِ الْحاضِرِ.

2 ضِمْنَ مَجْموعَتِكَ، اِصْنَعْ طائِرَةً مِنْ وَرَقٍ وَاشْرَحْ لِزُمَلائِكَ كَيْفِيَّةَ صِناعَتِها.

3 اِخْتَرْ مُلْصَقًا، اِقْرَأْهُ ثُمَّ أَجِبْ عَنْ أَسْئِلَةِ زَميلِكَ.

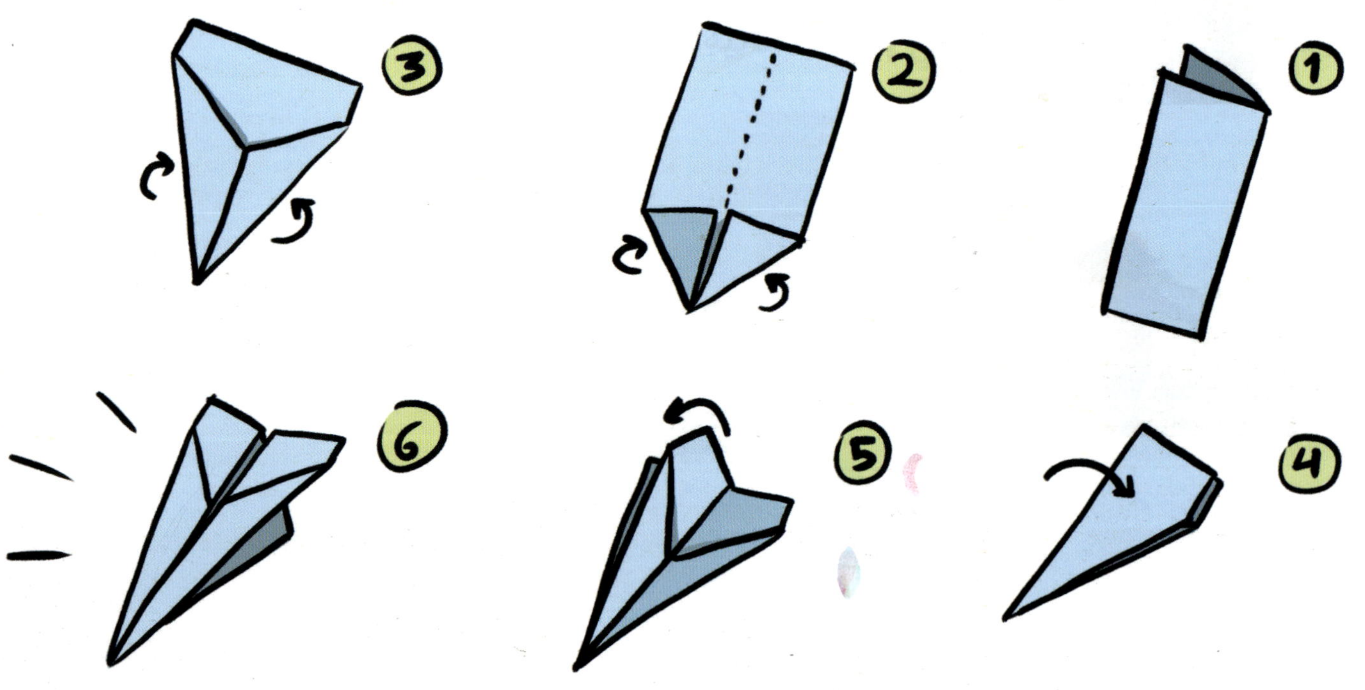

نَقْرَأُ

1 **اِقْرَأ النَّصَّ: "أَلْعابٌ شَعْبِيَّةٌ" قِراءَةً مُوَجَّهَةً.**

الْكاتِب: فَرَجُ الظّفيريّ

الْأَلْعابُ الشَّعْبِيَّةُ كَثيرَةٌ، وَهِيَ أَلْعابٌ بَسيطَةٌ وَغَيْرُ خَطِرَةٍ، تَرْسُمُ عَلَى وُجوهِ الْأَطْفالِ الْفَرَحَ، وَتُعَلِّمُهُمُ التَّنافُسَ في مَرَحٍ.

كُرَةُ الشَّرابِ

كانَ الْأَطْفالُ في الْأَحْياءِ الْفَقيرَةِ في مِصْرَ يُتابِعونَ مُبارَياتِ كُرَةِ الْقَدَمِ عَلَى التِّلِفِزْيون، وَلَمْ يَكُنْ بِاسْتِطاعَتِهِمْ شِراءُ كُراتٍ جَديدَةٍ، فَابْتَكَروا كُرَةَ قَدَمٍ مَصْنوعَةً مِنْ جَوارِبَ قَديمَةٍ كانوا يَحْشونَها بِالْقُطْنِ أَوْ بِقِطَعِ قُماشٍ، وَكانوا يَتَنافَسونَ في مُبارَياتٍ تُشْبِهُ مُبارَياتِ دَوْرِيِّ كُرَةِ الْقَدَمِ لِلْمُحْتَرِفينَ.

الْحَجَلَةُ

كانَتْ لُعْبَةُ الْحَجَلَةِ مِنْ أَشْهَرِ أَلْعابِ الْبَناتِ في بِلادِ الشّامِ، تُلْعَبُ عَلى مُسْتَطيلٍ مَرْسومٍ عَلى الْأَرْضِ، مُقَسَّمٍ إِلى ثَمانِيَةِ مُرَبَّعاتٍ.

تَرْمي اللّاعِباتُ بِالتَّتالي حَجَرًا في كُلِّ مَرَّةٍ، وَعَلى كُلٍّ مِنْهُنَّ أَنْ تُحْسِنَ التَّصْويبَ، حَتّى لا يَخْرُجَ الْحَجَرُ مِنَ الْمُرَبَّعِ الْمَقْصودِ أَوْ يَتَعَدّى الْحُدودَ، ثُمَّ أَنْ تَقْفِزَ عَلى قَدَمٍ واحِدَةٍ لِتَلْتَقِطَ الْحَجَرَ، وَتُكْمِلَ الْقَفْزَ حَتّى النِّهايَةِ. اللّاعِبَةُ الَّتي تَصِلُ إِلَى الْمُرَبَّعِ الْأَخيرِ تَفوزُ، وَتَفْرَحُ كَمَنْ حَصَلَ عَلى جائِزَةٍ.

طاق طاق طاقِيَّة

إِنَّ هَذِهِ اللُّعْبَةَ مِنْ أَشْهَرِ الْأَلْعابِ في الْخَليجِ الْعَرَبِيِّ وَبِلادِ الشّامِ.

يَجْلِسُ الْأَطْفالُ في حَلْقَةٍ دائِرِيَّةٍ بِاسْتِثْناءِ واحِدٍ، تَكونُ في حَوْزَتِهِ طاقِيَّةٌ، أَيْ قُبَّعَةٌ، فَيَدورُ حَوْلَهُمْ مُنْشِدًا: "طاقْ طاقْ طاقِيَّة" وَيُجيبونَهُ "رِنْ رِنْ يا جَرَس". لا يَحُقُّ لِلْأَطْفالِ الْمُتَحَلِّقينَ الِالْتِفاتُ. ثُمَّ يَضَعُ اللّاعِبُ الطّاقِيَّةَ خَلْفَ أَحَدِهِمْ بِخِفَّةٍ، وَمَنْ يَجِدِ الطّاقِيَّةَ خَلْفَهُ يَحْمِلُها وَيَجْرِ وَراءَ اللّاعِبِ. فَإِنْ أَمْسَكَهُ يَفُزْ، وَإِنْ جَلَسَ اللّاعِبُ مَكانَهُ، يُصْبِحْ مِنْ واجِبِهِ هُوَ، حامِلِ الطّاقِيَّةِ الْجَديدِ، أَنْ يَدورَ حَوْلَ الْحَلْقَةِ مُرَدِّدًا "طاقْ طاقْ طاقِيَّة".

2 ظَلِّلِ الْكَلِماتِ الْجَديدَةَ في النَّصِّ، ثُمَّ ابْحَثْ عَنْ مَعْنى كُلٍّ مِنْها وَدَوِّنْها في دَفْتَرِكَ.

3 أُذْكُرْ ما تَحْتاجُ إِلَيْهِ كُلُّ لُعْبَةٍ مِنَ الْأَلْعابِ الْمَذْكورَةِ في النَّصِّ بِمَلْءِ الْجَدْوَلِ الْآتي:

اِسْمُ اللُّعْبَةِ	الْأَدَواتُ

4 ضِمْنَ مَجْموعَتِكَ، اُرْسُمْ إِحْدى الْأَلْعابِ الْمَذْكورَةِ في النَّصِّ.

5 جِدْ في النَّصِّ الكَلِماتِ الَّتي تُشَكِّلُ سَجْعًا.

الْكَلِمَةُ	السَّجْعُ
مُنْشِدًا	
كَثيرَةٌ	
يَسْتَطيعونَ	
فَرِحٍ	

6 فَكِّرْ وَتَفَكَّرْ

1. حَدِّدْ مِنَ النَّصِّ تَعْريفًا واضِحًا لِـ"الْأَلْعابِ الشَّعْبِيَّةِ".
2. أَيَّ لُعْبَةٍ مِنَ الْأَلْعابِ الْمَذْكورَةِ في النَّصِّ تَخْتارُ لِتَلْعَبَها مَعَ زُمَلائِكَ؟ وَلِماذا؟
3. أُذْكُرْ لُعْبَةً شَعْبِيَّةً مِنْ بِلادِكَ. فَسِّرْ كَيْفَ تَلْعَبُها.
4. يُحِبُّ الْأَوْلادُ الْأَلْعابَ الْإِلِكْتْرونِيَّةِ كَثيرًا وَيُمْضونَ الْكَثيرَ مِنَ الْوَقْتِ عَلَيْها. حَدِّدْ حَسَناتِ وَسَيِّئاتِ هَذِهِ الْأَنْواعِ مِنَ الْأَلْعابِ.

7 كَلِماتٌ بَصَرِيَّةٌ أَسْتَطيعُ أَنْ أَقْرَأَها بِسُرْعَةٍ.

رَسَمَ - أَسْوَد - أَكَلَ - عِنْدَ - نَعَمْ - مَدينَة

إِقْرَأِ الْكَلِماتِ الْمَكْتوبَةَ في الْبِطاقاتِ، ثُمَّ ضَعْ كُلًّا مِنْها في جُمْلَةٍ مِنْ تَأْليفِكَ.

نَكْتُبُ

1 أُكْتُبْ ما تَوَدُّ مُشارَكَتَهُ الْيَوْمَ في دَفْتَرِ يَوْمِيّاتِكَ.

2 عُدْ إلى النَّصِّ، وَامْلَأْ الْجَدْوَلَ الْآتِيَ:

كَلِماتٌ مُعَرَّفَةٌ تَبْدَأُ بِحَرْفٍ قَمَرِيٍّ	الْحَرْفُ	كَلِماتٌ مُعَرَّفَةٌ تَبْدَأُ بِحَرْفٍ شَمْسِيٍّ	الْحَرْفُ

3 أُكْتُبْ ما يُمْليهِ عَلَيْكَ الْمُعَلِّمُ.

4 عَدِّدِ الْمُفْرَداتِ الْجَديدَةَ الَّتي تَعَلَّمْتَها في هَذا الدَّرْسِ لِيُدَوِّنَها زَميلُكَ في اللّائِحَةِ.

5 صِفِ الصّورَةَ مِنْ خِلالِ جُمْلَتَيْنِ.

6 مَشْروعُ الْوَحْدَةِ

صَمِّمْ مَطْوِيَّةً عَنْ بَلَدٍ تَخْتارُهُ، مُرَكِّزًا فيها عَلى الِاحْتِفالاتِ وَالْأَزْياءِ وَالْأَكْلاتِ وَالْأَمْثالِ وَالْأَلْعابِ.

الْمَرْحَلَةُ الرّابِعَةُ:

أ. نَقِّحْ عَمَلَكَ بِمُفْرَدِكَ، ثُمَّ مَعَ زَميلِكَ، وَمِنْ بَعْدِها مَعَ الْمُعَلِّمِ.

ب. تَأَكَّدْ مِنْ عَمَلِكَ مِنْ خِلالِ شَبَكَةِ التَّقْييمِ الْآتِيَةِ:

أُراجِعُ عَمَلي مَعَ الْمُعَلِّمِ: السَّلامَةُ اللُّغَوِيَّةُ.			
راجَعْتُ عَمَلي لِلتَّأَكُّدِ مِنْ سَلامَةِ اللُّغَةِ فيهِ.			
اِسْتَخْدَمْتُ عَلاماتِ التَّرْقيمِ الْمُناسِبَةَ.			
اِسْتَخْدَمْتُ الرَّسْمَ الصَّحيحَ لِلْكَلِماتِ: الْإِمْلاءُ.			
راجَعْتُ الْقَواعِدَ وَتَأَكَّدْتُ مِنْ صِحَّتِها.			
كَتَبْتُ بِخَطٍّ واضِحٍ تُمْكِنُ قِراءَتُهُ بِسُهولَةٍ.			

ثَقافَةٌ

الْكَلِمَةُ "طَيِّب" بِالْعامِّيَّةِ الْعَرَبِيَّةِ لَها عِدَّةُ مَعانٍ!

وَقْتٌ أَقْضيهِ مَعَ أَهْلي بِاللُّغَةِ الْعَرَبِيَّةِ

أعزّائي أولياء الأمور،

خلال الدّرس الرّابع من هذه الوحدة: "مَنْ نَحْنُ؟" سيتعرّف أبناؤكم إلى بعض الألعاب الشّعبيّة المتداولة في الدول العربيّة، بشرح البعض منها والمقارنة بينها وبين ألعاب أجنبيّة.

ستعرفون أيضًا مفردات الدرس الجديدة، والكلمات البصريّة، وكذلك اللام القمريّة واللام الشمسيّة، والسجع.

نشجّعكم على:

1. مشاركة ابنكم / ابنتكم اللّعب ببعض الألعاب التي تعلّمها في المدرسة.
2. مشاركة ابنكم / ابنتكم اللّعب ببعض الألعاب التي كنتم تلعبونها في صباكم.

تَقْييمٌ

Me and my parents!

Dear Parents,

The topic of this unit is “Who We Are". In Lesson 4, we focus on the theme of traditional Arab games. Some of these games are no longer played while others are still popular with children today. Students will compare traditional Arab games with games from their own culture. They will learn new vocabulary, rhyming words, and spelling.

Our suggestions:

1. Together with your child, play some of the traditional Arab games that he / she has learned about in class.
2. Play some traditional games from your own culture together with your child.

Assessment

أَزْياؤُنا

الْكاتِبُ: أَحْمَد الدّيب - الرّسّامَةُ: لَيال خَليل

قَدْ تَتَشابَهُ الْمَلابِسُ عَلَى الرَّغْمِ مِنَ اخْتِلافِ الْبِلادِ، لَكِنَّها تَتَمايَزُ إذا نَظَرْنا إِلَى الاِخْتِلافِ الْكَبيرِ بَيْنَ الْأَزْياءِ التَّقْليدِيَّةِ لِلشُّعوبِ. فَالْأَزْياءُ التَّقْليدِيَّةُ تَتَأَثَّرُ بِالتّاريخِ وَبِالْجُغْرافيا، وَتَعْكِسُ شَخْصِيّاتِ الشُّعوبِ وَثَقافاتِها.

في مِصْرَ مَثَلًا، كانَ الرِّجالُ في الْماضي يَلْبَسونَ الْجَلابيبَ، وَيُغَطّونَ رُؤوسَهُمْ بالْعَمائِمِ أَوْ بِالطَّرابيشِ. أَمّا جَلابيبُ النِّساءِ فَتَتَمَيَّزُ بِأَلْوانِها الْكَثيرَةِ الزّاهِيَةِ، وَكانَتِ الْعَباءاتُ السّودُ تُوضَعُ فَوْقَ الْجَلابيبِ. وَكانَ الْبُرْقُعُ، وَهُوَ غِطاءُ رأْسِ النِّساءِ، يُغَطّي أَسْفَلَ الْوَجْهِ أَيْضًا.

أَمّا في جَوِّ السّودانِ الْحارِّ، فَحافَظَ الرِّجالُ عَلَى زِيِّهِمِ التَّقْليدِيِّ الَّذي يَغْلِبُ عَلَيْهِ اللَّوْنُ الْأَبْيَضُ: الْجَلّابِيَّةُ الْواسِعَةُ وَفَوْقَها عَباءَةٌ أَوْ شالٌ، وَعَلى الرَّأْسِ الطّاقِيَّةُ وَالْعِمامَةُ. وَتَرْتَدي الْمَرْأَةُ هُناكَ حَتّى الْيَوْمِ "التّوب" السّودانِيَّ بِأَلْوانِهِ الْجَميلَةِ.

وَلَعِبَتْ حَرارَةُ الشَّمْسِ أَيْضًا دَوْرَها في تَصْميمِ أَزْياءِ بِلادِ الْخَليجِ الْعَرَبِيِّ الَّتي تَتَمَيَّزُ بِالْخِفَّةِ وَالْبَساطَةِ. فالرِّجالُ يَلْبَسونَ الثَّوْبَ الْأَبْيَضَ، وَمَعَهُ "غُتْرَةٌ" عَلَى الرَّأْسِ، وَعِقالٌ يَرْبُطُها. وَالنِّساءُ يَلْبَسْنَ الْعَباءاتِ السّودَ الْمُطَرَّزَةَ عِنْدَ الصَّدْرِ وَالْأَكْمامِ.

وَفي لُبْنانَ تَكْثُرُ أَشْجارُ التّوتِ، وَلِهَذا اشتَهَرَ أَهْلُهُ بِصِناعَةِ مَنسوجاتِ الْحَريرِ. كانَ الزِّيُّ التَقْليدِيُّ لِلرِّجالِ يَتَكَوَّنُ مِنَ "الْقُمْبازِ" وَ"الشِّرْوالِ"، وَعَلى الرَّأْسِ "الْحَطَّةُ" أَوِ "الطَّرْبوش". وَكانَ لِلنِّساءِ "قُمْبازٌ" مِنْ حَريرٍ، يَتَمَيَّزُ بِأَكْمامِهِ الْعَريضَةِ. وَعَلَى رُؤوسِهِنَّ كُنَّ يَضَعْنَ "الطَّرْطورَ".

والْقُمْبازُ مَعْروفٌ في فِلَسْطينَ وَيَرْتَديهِ الرِّجالُ والنِّساءُ أَيْضًا، لَكِنَّ ثَوْبَ الْمَرْأَةِ الْفِلَسْطينِيَّةِ أَشْهَرُ مِنْهُ وَأَقْدَمُ، وَيَتَمَيَّزُ بِجَمالِ تَطْريزِهِ وَتَنَوُّعِ أَلْوانِهِ. أَمّا الرِّجالُ فَيَضَعونَ عَلَى أَكْتافِهِمِ "الْكوفِيَّةَ" الْفِلَسْطينِيَّةَ الَّتي صارَتْ مَشْهورَةً في الْعالَمِ كُلِّهِ.

أَمّا في الْمَغْرِبِ، فالرِّجالُ يَلْبَسونَ "الْجِلّابَة" الْمُمَيَّزَة بِغِطاءِ الرَّأْسِ الْكَبيرِ، وَيَرْتَدونَ "الْبُلْغَة" وَهِيَ حِذاءٌ بَسيطٌ مِنَ الْجِلْدِ. وَتَرْتَدي النِّساءُ "الْقُفْطانَ" الْمَغْرِبِيَّ الشَّهيرَ بِأَلْوانِهِ وَتَطْريزِهِ، وَحِذاءَ "الشِّرْبيلِ" الْمُزَخْرَفَ.

وَهُناكَ الْكَثيرُ مِنَ الْأَزْياءِ الشَّعْبِيَّةِ السّاحِرَةِ الَّتي لَمْ نَذْكُرْها هُنا. أَتَسْتَطيعُ أَنْ تَبْحَثَ عَنْ صُوَرٍ لَها؟

الْمَصادِرُ:

فلسفة الملابس / توماس كارليل، ترجمة طه السباعى.

الْوَحْدَةُ 1

الدَّرْسُ 5

أَزْياؤُنا

الْمُفْرَداتُ

1. الزّاهِيَةُ
2. تَصْميمٌ
3. الزِّيّ
4. يَرْتَدي

لِماذا تَخْتَلِفُ أَزْياءُ الشُّعوبِ؟

نَحْكي وَنَسْتَمِعُ

1 اِسْتَمِعْ لِلْمُعَلِّمِ وَكَرِّرْ ما سَمِعْتَهُ لِزَميلِكَ. أَضِفْ مَعْلومَةً مِنْ عِنْدِكَ إِذا اسْتَطَعْتَ.

2 أُنْظُرْ إِلى الصّورَتَيْنِ وَاشْرَحِ الْفَرْقَ.

1. 

2. 

وَرْشَةُ الْمُفْرَداتِ

1 **أُكْتُبْ تَحْتَ كُلِّ صورَةٍ الْمُفْرَدَةَ الْخاصَّةَ بِها.**

أ. طَرْطورٌ ب. طَرْبوشٌ ج. كوفِيَّةٌ د. عِمامَةٌ

1. ________________

2. ________________

3. ________________

4. ________________

2 **ضِمْنَ مَجْموعَتِكَ، اِخْتَرْ مِنْ بَيْنِ الْبَدائِلِ الْمَعْنى الْمُناسِبَ لِكُلٍّ مِنَ الْكَلِماتِ الْمَكْتوبَةِ بِخَطٍّ عَريضٍ.**

1. ما أَجْمَلَ أَلْوانَ الْحَقْلِ **الزّاهِيَةَ** في فَصْلِ الرَّبيعِ.

أ. الْمُشْرِقَة
ب. الْكَثيرَةَ
ج. الْباهِتَةَ

2. وَضَعَ المُهَنْدِسُ **تَصْميمًا** لِلْبِناءِ.

أ. رَسْمًا تَخْطيطِيًّا
ب. زينَةً
ج. إنارَةً

3. الْكِمونو هُوَ **الزِّيُّ** التَّقْليدِيُّ في الْيابانِ.

أ. الشِّعارُ
ب. النَّشيدُ
ج. اللِّباسُ

4. **يَرْتَدي** الرَّجُلُ الزِّيَّ الْهِنْدِيَّ.

أ. يَحْمِلُ
ب. يَلْبَسُ
ج. يَأْكُلُ

3 جِدْ ضِدَّ كُلِّ مُفْرَدَةٍ مِنَ الْمُفْرَداتِ الْآتِيَةِ:

الْمُفْرَدَةُ	الضِّدُّ
تَتَشابَهُ	
الْماضي	
الْواسِعَةُ	

نَقْرَأُ

1 اِقْرَأ النَّصَّ: "أَزْياؤُنا" قِراءَةً مُوَجَّهَةً.

الْكاتِبُ: أَحْمَد الدّيب، الرَّسّامَةُ: لَيال خَليل

2 ظَلِّلِ الْكَلِماتِ الْجَديدَةَ في النَّصِّ، ثُمَّ ابْحَثْ عَنْ مَعْنى كُلٍّ مِنْها، وَدَوِّنْها في دَفْتَرِكَ.

3 عُدْ إِلَى النَّصِّ وَامْلَأِ الْجَدْوَلَ الْآتِيَ:

ماذا يَلْبَسُ كُلٌّ مِنَ النِّساءِ وَالرِّجالِ في الْبُلْدانِ الْعَرَبِيَّةِ؟

الْبَلَدُ	النِّساءُ	الرِّجالُ
مِصْرُ		
السُّودَانُ		
بِلَادُ الْخَليجِ الْعَرَبِيِّ		
لُبْنَانُ		
فِلَسْطينُ		
الْمَغْرِبُ		

4 فَكِّرْ وَتَفَكَّرْ

1. حَدِّدِ الْفِكْرَةَ الْأَساسِيَّةَ مِنَ النَّصِّ.
2. كَيْفَ تَلْعَبُ حَرارَةُ الشَّمْسِ دَوْرًا في تَصْميمِ أَزْياءِ بِلادِ الْخَليجِ؟
3. سَمِّ بُلْدانًا يَلْعَبُ الطَّقْسُ دَوْرًا أَساسِيًّا في تَصْميمِ زِيِّها الشَّعْبِيِّ.
4. لِمَ يَضَعُ الرِّجالُ السُّودانِيّونَ الْعِمامَةَ الْبَيْضاءَ فَوْقَ رُؤوسِهِمْ؟
5. أُذْكُرْ سَبَبَ اشْتِهارِ أَهْلِ لُبْنانَ بِغَزْلِ الْحريرِ. وَبَيِّنْ أَثَرَ ذَلِكَ عَلى الْمَلابِسِ.

5 اِقْرَأْ كُتَيِّبَ السَّفَرِ وَانْقُلِ الْمَعْلوماتِ الْوارِدَةَ فيهِ لِزَميلِكَ.

6 كَلِماتٌ بَصَرِيَّةٌ أَسْتَطيعُ أَنْ أَقْرَأَها بِسُرْعَةٍ.

تَحْتَ - إِلى - عَلى - عِنْدي - نَحْنُ - تَعالَ

اِقْرَأِ الْكَلِماتِ الْمَكْتوبَةَ في الْبِطاقاتِ قِراءَةً صامِتَةً، ثُمَّ الْعَبْ لُعْبَةَ الذّاكِرَةِ.

7 اِقْرَأْ مَعَ زُمَلائِكَ النَّص مَرَّةً ثانِيَةً قِراءَةً مُشْتَرَكَةً.

نَكْتُبُ

1 أُكْتُبْ ما تَوَدُّ مُشارَكَتَهُ الْيَوْمَ في دَفْتَرِ يَوْمِيّاتِكَ.

2 عُدْ إِلى النَّصِّ، وَامْلَأْ الْجَدْوَلَ الْآتِيَ:

كَلِماتٌ مُعَرَّفَةٌ تَبْدَأُ بِحَرْفٍ قَمَرِيٍّ	الْحَرْفُ	كَلِماتٌ مُعَرَّفَةٌ تَبْدَأُ بِحَرْفٍ شَمْسِيٍّ	الْحَرْفُ

3 أُكْتُبْ ما يُمْليهِ عَلَيْكَ الْمُعَلِّمُ.

4 **عَدِّدِ الْمُفْرَداتِ الْجَديدَةَ الَّتي تَعَلَّمْتَها في هَذا الدَّرْسِ، لِيُدَوِّنَها زَميلُكَ في اللّائِحَةِ.**

5 **مَشْروعُ الْوَحْدَةِ**

صَمِّمْ مَطْوِيَّةً عَنْ بَلَدٍ تَخْتارُهُ، مُرَكِّزًا فيها عَلى الِاحْتِفالاتِ، وَالْأَزْياءِ، وَالْأَكْلاتِ، وَالْأَمْثالِ وَالْأَلْعابِ.

الْمَرْحَلَةُ الْخامِسَةُ:

أ. راجِعْ مَوْضوعَكَ كامِلًا، وَاسْأَلْ زَميلَكَ: "هَلْ تَشْعُرُ بِحَماسَتي لِلْمَوْضوعِ؟ وَهَلْ تَسْتَطيعُ أَنْ تَعْرِفَ أَنَّني مَنْ كَتَبَهُ؟".

ب. تَأَكَّدْ مِنْ عَمَلِكَ مِنْ خِلالِ شَبَكَةِ التَّقْييمِ الْآتِيَةِ:

أُراجِعُ عَمَلي: صَوْتُ الْكاتِبِ.			
راجَعْتُ عَمَلي مَعَ زَميلي.	🙂	😐	🙁
تَأَكَّدْتُ مِنْ أَنَّ نَصّي سَيَنْقُلُ مَشاعِري إِلى الْقارِئِ.	🙂	😐	🙁
سَيَرْغَبُ الْقارِئُ في مُشارَكَةِ ما قَرَأَهُ بِصَوْتٍ عالٍ.	🙂	😐	🙁

ثَقافَةٌ

الْعَرَبُ هُمْ أَوَّلُ مَنِ اسْتَخْدَمَ تاجَ الزَّهْرَةِ لِاسْتِخْراجِ الْعِطْرِ.

وَقْتٌ أَقْضيهِ مَعَ أَهْلي بِاللُّغَةِ الْعَرَبِيَّةِ

أعزّائي أولياء الأمور،

خلال الدّرس الخامس من هذا المحور"من نحن؟" سيعمل أبناؤكم على تعرّف بعض الملابس التقليديّة لبلدان عربيّة، ويتعرّفون تأثير البيئة على اللباس.

نشجّعكم على:

1. حثّ أبنائكم على التحدّث عن الملابس التقليديّة، والأطباق الشعبيّة لبلادكم. والتّحضير لليوم الثّقافي الّذي سيقام في الصّفّ خلال هذا الدّرس.
2. حدّثوهم عن اللّباس المفضّل لديكم، ودعوهم يعبّرون بدورهم عن آرائهم.

تَقْييمٌ

Me and my parents!

Dear Parents,

The topic of this unit is “Who We Are". In Lesson 5, we focus on the theme of traditional Arab clothes. Students will explore how the environment influences the clothes we wear. They will also learn new vocabulary and spelling.

Our suggestions:

1. Encourage your child to talk about traditional costumes and food. Help him / her prepare for Tradition Day, which will take place in class this week.
2. Listen to your child tell you about the costume he / she prefers and share your own costume preferences.

Assessment

قَصائِدُ عَرَبِيَّةٌ

كَيْفَ نَحْتَفي بِأَوْطانِنا؟

الْمُفْرَداتُ

1. السَّناء
2. الْجَلال
3. غانِم
4. الْحُسام
5. الْيَراع

نَحْكي وَنَسْتَمِعُ

1 اِسْتَمِعْ إِلى الشِّعْرِ أَوِ الْأُغْنِيَةِ وَتَناقَشْ مَعَ زَميلِكَ.

2 ناقِشْ هَذِهِ الْعِبارَةَ: "الْوَطَنُ أُمٌّ"، ثُمَّ ارْسُمْ عَلَمَ بِلادِكَ في كِتابِكَ.

وَرْشَةُ الْمُفْرَداتِ

1 **أرْبُطِ الْكَلِمَةَ بالصّورَةِ الَّتي تُعَبِّرُ عَنْها، ثُمَّ وَظِّفْها في جُمَلٍ جَديدَةٍ.**

1. الْيَراعُ ○ ○ أ. 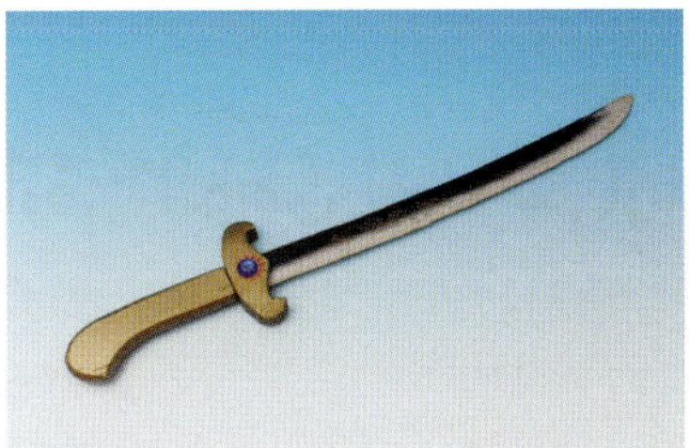

2. الرّايَةُ ○ ○ ب. 

3. الْحُسامُ ○ ○ ج. 

4. السَّناءُ ○ ○ د. 

2 **اِعْمَلْ مَعَ مَجْموعَتِكَ عَلى الْمُفْرَداتِ.**

1. اِسْتَكْشِفِ الْحَقْلَ الْمُعْجَمِيَّ لِلْكَلِمَةِ التالِيَةِ:

الْوَطَنُ

2. مَجْموعَةُ خَريطَةِ الْكَلِمَةِ

الْمُفْرَدَةُ	الْمُرادِفُ	الضِّدُّ
النِّزاع		
النَّجاة		
الْبَهاء		

3. مَجْموعَةُ عائِلَةِ الْكَلِمَةِ

4. مَجْموعَةُ الصِّفاتِ

مَوْطِني	الْحَياة
______	______
______	______

5. مَجْموعَةُ الْأَوْزانِ

فَعِلَ	سَلِمَ	______	نَعِمَ
أَفْعَلَ	______	أَغْنَمَ	______

نَقْرَأُ

1 **اِقْرَأ النَّصّ: "مَوْطِني"**

الْكاتِبُ: إِبْراهيم طوقان

مَوْطِني... مَوْطِني..
الْجَلالُ وَالْجَمالُ وَالسَّناءُ وَالْبَهاءُ
في رُباك... في رُباك
والْحَياةُ وَالنَّجاةُ والْهَناءُ والرَّجاءُ
في هواك... في هَواك
هَلْ أَراك... هَلْ أَراك...
سالِمًا مُنَعَّما وَغانِمًا مُكَرَّما؟
هَلْ أَراك... في عُلاك
تَبْلُغُ السِّماك؟... تَبْلُغُ السِّماك؟
مَوْطِني... مَوْطِني
مَوْطِني.. مَوْطِني
الْحُسامُ وَالْيَراعُ لا الْكَلامُ وَالنِّزاعُ
رَمْزُنا... رَمْزُنا..
مَوْطِني... مَوْطِني..

2 **ظَلِّلِ الْكَلِماتِ الْجَديدَةَ في النَّصِّ، ثُمَّ ابْحَثْ عَنْ مَعْنى كُلٍ مِنْها وَدَوِّنْها في دَفْتَرِكَ.**

3 **جِدْ في النَّصِّ الْكَلِماتِ الَّتي تُشَكِّلُ سَجْعًا.**

الْكَلِمَةُ	السَّجْعُ
السَّناءُ	
الْحَياةُ	
سالِمًا	
الْيَراعُ	

4 **فَكِّرْ وَتَفَكَّرْ**

1. مَنْ يُخاطِبُ الشّاعِرُ في الْقَصيدَةِ؟
2. وَضِّحْ مَعْنى قَوْلِ الشّاعِرِ: "الْحُسامُ وَالْيَراعُ لا الْكَلامُ وَالنِّزاعُ".
   وَما رَأْيُكَ في هَذا الْقَوْلِ.
3. ماذا يَتَمَنّى الشّاعِرُ لِوَطَنِهِ؟
4. هَلِ اسْتَطاعَ الشّاعِرُ تَحْريكَ مَشاعِرِكَ تُجاهَ الْوَطَنِ؟ كَيْفَ ذَلِكَ.

5 **كَلِماتٌ بَصَرِيَّةٌ أَسْتَطيعُ أَنْ أَقْرَأَها بِسُرْعَةٍ.**

كَبير - هُناك - رَكَضَ - واسِع - رَكِبَ - صَغير

اِقْرَأ الْكَلِماتِ الْمَوْجودَةَ عَلى الْبِطاقاتِ، ثُمَّ صَنِّفْها إلى:

اِسْم	فِعْل	حَرْف

6 **اِقْرأ الْقَصيدَةَ مَعَ زَميلِكَ قِراءَةً صَحيحَةً مُعَبِّرَةً، مُراعِيًا سَلامَةَ اللُّغَةِ وَالتَّناغُمَ الصَّوْتِيَّ.**

7 **اِسْتَمِعْ إلى النَّشيدِ "مَوْطِني".**

نَكْتُبُ

1 جِدْ سَجْعًا لِلْكَلِماتِ الْآتِيَةِ:

الْكَلِمَةُ	السَّجْعُ
الطَّيْرُ	
السَّماءُ	
الْأَوْطانُ	
الْفِداءُ	

2 أُكْتُبْ ما يُمْليهِ عَلَيْكَ الْمُعَلِّمُ.

3 **عَدِّدِ الْمُفْرَداتِ الْجَديدَةَ الَّتي تَعَلَّمْتَها في هَذا الدَّرْسِ، لِيُدَوِّنَها زَميلُكَ في اللّائِحَةِ.**

4 مَشْروعُ الْوَحْدَةِ

صَمِّمْ مَطْوِيَّةً عَنْ بَلَدٍ تَخْتارُهُ، مُرَكِّزًا فيها عَلى الِاحْتِفالاتِ وَالْأَزْياءِ وَالْأَكْلاتِ وَالْأَمْثالِ وَالْأَلْعابِ.

الْمَرْحَلَةُ السّادِسَةُ:

أ. راجِعِ الْجُمَلَ بِمُفْرَدِكَ، ثُمَّ مَعَ زَميلِكَ، وَمِنْ بَعْدِها مَعَ الْمُعَلِّمِ.

ب. راجِعِ الْجُمَلَ، وَالسَّلامَةَ اللُّغَوِيَّةَ مَعَ الْمُعَلِّمِ، ثُمَّ اكْتُبْ عَمَلَكَ في دَفْتَرِكَ.

ج. أُنْشُرْ عَمَلَكَ بِشَكْلٍ يَليقُ بِهِ.

د. تَأَكَّدْ مِنْ عَمَلِكَ مِنْ خِلالِ شَبَكَةِ التَّقْييمِ الْآتِيَةِ:

أُراجِعُ عَمَلي مَعَ الْمُعَلِّمِ: السَّلامَةُ اللُّغَوِيَّةُ.			
تَبْدَأُ جُمَلي بِداياتٍ مُخْتَلِفَةً.			
كَتَبْتُ جُمَلًا مُتَنَوِّعَةً، بَعْضُها طَويلٌ وَبَعْضُها قَصيرٌ.			
راعَيْتُ قَواعِدَ الْإِمْلاءِ وَالْقَواعِدَ النَّحْوِيَّةَ.			
كَتَبْتُ بِخَطٍّ واضِحٍ تُمْكِنُ قِراءَتُهُ بِسُهولَةٍ.			
راجَعْتُ ما كَتَبْتُهُ لِلتَّأَكُّدِ مِنْ سَلاسَةِ الْجُمَلِ.			
فَهِمَ الْقارِئُ الْمَوْضوعَ بِسُهولَةٍ.			
نَشَرْتُ نَصّي بِأَفْضَلِ طَريقَةٍ لِيَنالَ إِعْجابَ الْقارِئِ.			

ثَقافَةٌ

النَّشيدُ "مَوْطِني" لِلشّاعِرِ إِبْراهيم طوقان، لُحِّنَ وَأَصْبَحَ نَشيدًا لِعَدَدٍ مِنَ الْبُلْدانِ.

وَقْتٌ أَقْضيهِ مَعَ أَهْلي بِاللُّغَةِ الْعَرَبِيَّةِ

أعزّائي أولياء الأمور،

خلال الدرس الأخير من المحور "من نحن؟"، سيعمل أبناؤكم على تعرّف أهمّيّة الدفاع عن الوطن، ودور العلم في تنمية الأوطان. كما سيتابعون العمل على الكتابة والقراءة، والمفردات، ومراجعة الكلمات البصريّة. سيقدّمون أيضًا الموضوع الذي كتبه كلّ منهم خلال هذه الوحدة.

نشجّعكم على:

1. دعم أبنائكم على الاطّلاع على قصائد في حبّ الوطن.
2. مناقشة النشيد الوطنيّ، وشرح معناه.

تَقْييمٌ

Me and my parents!

Dear Parents,

The topic of this unit is “Who We Are". In Lesson 6, we focus on the significance of education in the progress of nations. Students will also learn about the importance of defending the nation. As well as learning new vocabulary and spelling, each student will present the essay he / she has written in this unit.

Our suggestions:

1. Encourage your child to read some patrimonial poems.
2. Read the words of your national anthem and discuss them with your child.

Assessment

الْوَحْدَةُ

2

صِلَتُنا بِالْمَكانِ وَالزَّمانِ

الْحاجَةُ أُمُّ الِاخْتِراعِ. كَيْفَ تَكونُ التَّحَدِّياتُ سَبَبًا لِلْبَحْثِ عَنِ الْحُلولِ؟

الدُّروسُ:

أَسْئِلَةُ الِاسْتِكْشافِ

- كَيْفَ ساهَمَتْ إِنْجازاتُ الْعُلَماءِ الْقُدَماءِ في تَسْهيلِ حَياتِنا الْيَوْمَ؟
- هَلِ الْحاجَةُ سَبَبٌ لِلاخْتِراعِ؟
- كَيْفَ نَسْتَخْدِمُ التِّكْنولوجْيا لِخِدْمَةِ النّاسِ؟
- كَيْفَ تُصْبِحُ مُخْتَرِعًا؟
- ما تَأْثيرُ الِاخْتِراعاتِ عَلى الْمُجْتَمَعاتِ؟
- مَتى نُقَدِّرُ الْأَشْياءَ الَّتي حَوْلَنا؟

عُلَماءُ وَاخْتِراعاتٌ

الْكاتِبَةُ: رانَة نَزّال - الرَّسّامُ: عاطِف خُضَر

كَتَبَتْ هَيا لِأَصْدِقائِها رِسالَةً إِلِكْتْرونِيَّةً قالَتْ فيها:

"مَرْحَبًا يا أَصْدِقائي، سَأُحَدِّثُكُمُ الْيَوْمَ عَنْ عُلَماءَ اخْتَرَعوا اخْتِراعاتٍ مُهِمَّةً،

اِسْتَفادَتْ مِنْها الْبَشَرِيَّةُ.

- ماري كوري، عاشَتْ مِنْ 1867م حَتّى 1934م، وُلِدَتْ في وارسو - بولندا، وَفازَتْ بِجائِزَةِ نوبِل مَرَّتَيْنِ، في الْفيزْياءِ وفي الْكيمْياءِ.

اِكْتَشَفَتْ مَعَ زَوجِها الْبولونْيوم وَالرّاديوم. كانَتْ أَوَّلَ امْرأَةٍ تَعْمَلُ بْروفِسور في جامِعَةِ السّوربون.

- أَمّا توماس إِدِسونْ، وَهُوَ أَميرِكِيُّ الْجِنْسِيَّةِ، فَقَدْ عاشَ مِنْ 1847م حَتّى 1931م. اِخْتَرَعَ عِدَّةَ اخْتِراعاتٍ مُهِمَّةٍ، مِنْها جِهازُ "الْفونوغْراف"، وَآلَةُ التَّصويرِ السّينَمائِيِّ، وَأَهَمُّها اخْتِراعُ الْمِصْباحِ الْكَهْرَبائِيِّ.

- الْعالِمُ الثّالِثُ الَّذي سَأُحَدِّثُكُمْ عَنْهُ لُبْنانِيٌّ، اِسْمُهُ حَسَن كامِل الصَّبّاح. عاشَ مِنْ 1895م حَتّى 1935م. اِخْتَرَعَ الصَّفائِحَ الَّتي تُخَزِّنُ أَشِعَّةَ الشَّمْسِ، ثُمَّ تُحَوِّلُها إِلى طاقَةٍ كَهْرَبائِيَّةٍ. سَجَّلَ 67 اخْتِراعًا بِاسْمِهِ.

ما رَأْيُكُمْ يا أَصْدِقائي في هَؤُلاءِ الْعُلَماءِ؟

الْمَصادِر:

عَبْقَرية ماري كوري مِن قَناة Ted-Ed
من موقع يوتيوب

- مَن هُوَ توماس إديسون؟ مِنْ قَناة سوقراتيكا من موقع يوتيوب
- مقال عنْ حَسن كامل الصبّاح من موقع موهوبون

الْوَحْدَةُ 2

الدَّرْسُ 1

مَخْتَرِعاتٌ وَمُخْتَرِعونَ مِنَ الْقُرونِ الْماضِيَةِ

كَيْفَ ساهَمَتْ إِنْجازاتُ الْعُلَماءِ الْقُدَماءِ في تَسْهيلِ حَياتِنا الْيَوْمَ؟

الْمُفْرَداتُ

1. اِخْتِراعات
2. اِسْتَفادَتْ
3. فازَتْ
4. تُخَزِّنُ
5. تُحَوِّلُ

نَحْكي وَنَسْتَمِعُ

1 **أُنْظُرْ إِلى صورَةِ الْمِحْوَرِ وَأَخْبِرْ زَميلَكَ عَمّا تَرى فيها.**

اِسْتَعِنْ بِالْكَلِماتِ التّالِيَةِ:

مُخْتَبَر الْمَدْرَسَة، اِخْتِراع، سائِل، مِجْهَر، الْكيمْياء، الْفيزْياء.

2 **اِسْتَمِعْ إِلى الْمَعْلوماتِ الَّتي سَيَقْرَأُها لَكَ الْمُعَلِّمُ عَنْ جائِزَةِ نوبل، ثُمَّ ابْحَثْ عَنْ أَسْماءِ شَخْصِيّاتٍ عَرَبِيّةٍ حَصَلَتْ عَلَيْها.**

3 **ضِمْنَ مَجْموعَتِكَ، اِخْتَرْ زَميلًا وَقَدِّمْ لَهُ جائِزَةَ الصَّفِّ في أَحَدِ الْمَجالاتِ التّالِيَةِ: اللُّغَةُ الْعَرَبِيَّةُ، وَالرَّسْمُ، والْموسيقى، وَالرِّياضَةُ، وَالرِّياضِيّاتُ.**

وَرْشَةُ الْمُفْرَداتِ

1 **جِدْ جَذْرَ الْكَلِماتِ الْآتِيَةِ، ثُمَّ ابْحَثْ عَنْ مَعانيها وَاكْتُبْها في الْجَدْوَلِ التّالي:**

	الْكَلِمَةُ	الْجَذْرُ	الْمَعْنى
1.	اِكْتِشافات		
2.	تَصْوير		
3.	اِخْتِراعات		

2 صِلْ كُلَّ مُفْرَدَةٍ بِالصّورَةِ الْمُناسِبَةِ لَها.

المفردة		الصورة
1. فونوغْراف	أ.	
2. آلَةُ التَّصْويرِ السّينَمائِيِّ	ب.	
3. الْمِصْباحُ الْكَهْرَبائِيُّ	ج.	
4. صَفائِحُ تُخَزِّنُ أَشِعَّةَ الشَّمْسِ	د.	

3

ضِمْنَ مَجْموعَتِكَ، إِخْتَرْ مِنْ بَيْنِ الْبَدائِلِ الْمَعْنى الْمُناسِبَ لِكُلٍّ مِنَ الْكَلِماتِ الْمَكْتوبَةِ بِخَطٍّ عَريضٍ.

1. **إِسْتَفادَتِ** الْفَتاةُ مِنَ الْمَعْلوماتِ الْجَديدَةِ.

أ. أَخَذَتْني ب. ضَيَّعَتْ ج. إِنْتَفَعَتْ

2. إِخْتَرَعَ جارُنا آلَةً **تُحَوِّلُ** الصّابونَ إِلى سائِلٍ.

أ. تَسْتَبْدِلُ ب. تُغَيِّرُ ج. تُفَضِّلُ

3. طيلَةَ فَصْلِ الصَّيْفِ، **تُخَزِّنُ** جَدَّتي الْمونَةَ لِلشِّتاءِ.

أ. تَحْفَظُ ب. تُسْرِفُ ج. تُفْرِطُ

4 **اِعْمَلْ مَعَ مَجْموعَتِكَ عَلى مَجْموعَةِ عائِلَةِ الْكَلِمَةِ.**

عُلَماءُ

نَقْرَأُ

1 اِقْرَأْ النَّصَّ: "عُلَماءُ وَاخْتِراعاتٌ".

الْكاتِبَةُ: رانَة نَزّال، الرَّسّامُ: عاطِف خُضَر

2 ظَلِّلِ الْكَلِماتِ الْجَديدَةَ في النَّصِّ، ثُمَّ ابْحَثْ عَنْ مَعْنى كُلٍّ مِنْها وَدَوِّنْها في دَفْتَرِكَ.

3 اِمْلأ الْجَدْوَلَ الْآتِي مِنَ النَّصِّ.

اِسْمُ الْعالِمِ	تاريخُ وِلادَتِهِ	بَلَدُهُ	اِخْتِراعاتُهُ

4

فَكِّرْ وَتَفَكَّرْ

1. عَرِّفْ أَوَّلَ امْرَأَةٍ عَلَّمَتْ في جامِعَةِ السّوربون؟
2. ما فائِدَةُ الصَّفائِحِ الَّتي تُخَزِّنُ أَشِعَّةَ الشَّمْسِ، وَكَيْفَ نَسْتَفيدُ مِنْها في أَيّامِنا الْحالِيَّةِ؟
3. في رَأْيِكَ كَيْفَ كانَ عالَمُنا سَيُصْبِحُ الْيَوْمَ لَوْلا اخْتِراعُ إِدِسون؟
4. هَلْ تَعْرِفُ عُلَماءَ اخْتَرَعوا اخْتِراعاتٍ مُهِمَّةً اسْتَفادَتْ مِنها الْبَشَرِيَّةُ؟ سَمِّ بَعْضَهُمْ وَاذْكُرْ ما كانَتِ اخْتِراعاتُهُمْ.
5. في رَأْيِكَ، إِلى أَيِّ مَدًى ساهَمَتْ إِنْجازاتُ الْعُلَماءِ الْقُدَماءِ في تَسْهيلِ حَياتِنا الْيَوْمَ؟

5

ضِمْنَ مَجْموعَتِكَ، حَدِّدِ السَّجْعَ في النَّصِّ واكْتُبْهُ عَلى وَرَقَةٍ كَبيرَةٍ، ثُمَّ عَلِّقْها عَلى الْحائِطِ ثُمَّ أَضِف إِلَيْها ثَلاثَ كَلِماتٍ مِنْ عِنْدِكَ.

6 **اِقْرَأْ مَعَ زُمَلائِكَ النَّصَّ مَرَّةً ثانِيَةً قِراءَةً جَهْرِيَّةً.**

7 **كَلِماتٌ بَصَرِيَّةٌ أَسْتَطيعُ أَنْ أَقْرَأَها بِسُرْعَةٍ.**

يَسْكُن - ذَلِكَ - هُوَ - جاءَ - يُحِبُّ - شَيْء - تُراث

اِقْرَأ الْكَلِماتِ الْمَكْتوبَةَ في الْبِطاقاتِ، ثُمَّ ضَعْ كُلًّا مِنْها في جُمْلَةٍ مِنْ تَأْليفِكَ.

نَكْتُبُ

1 **أُكْتُبْ ما تَوَدُّ مُشارَكَتَهُ الْيَوْمَ في دَفْتَرِ يَوْمِيّاتِكَ.**

2 **اِسْتَخْرِجْ مِنَ النَّصِّ الْأَفْعالَ الْماضِيَةَ.**

3

حَوِّل مِنَ الزَّمَنِ الْحاضِرِ إِلى الزَّمَنِ الْماضي.

1. الْآنَ، هِنْدٌ تَلْعَبُ، وَرَنا تَأْكُلُ التُفّاحَةَ.

أَمْسِ، ______

2. الْآنَ، عادِلٌ يَنامُ في السَّريرِ، وكَمالٌ يَلْعَبُ بِالْكُرَةِ.

أَمْسِ، ______

3. في هَذِه اللَّحْظَةِ، أَنْتَ تُشاهِدُ التِلْفازَ وَأَخوكَ يُغَنّي.

قَبْلَ لَحَظاتٍ، ______

4. الْآنَ، يَذهَبُ أَبي إِلى الْحَقْلِ وَأُمّي تُعِدُّ الطَّعامَ.

______

5. في هَذِهِ اللَّحْظَةِ، تَرى أُخْتي ذِئْبًا أَبْيَضَ.

______

4

اِقْرَأْ مَعَ زَميلِكَ الْحِواراتِ التّالِيَةَ، ثُمَّ ضَعْ خَطًّا تَحْتَ هَمْزَةِ الْقَطْعِ فيها:

- أَيْنَ كِتابُ الْمُعَلِّمَةِ؟
- إِنَّهُ عَلى الطّاوِلَةِ.

- ماذا قالَ الْمُعَلِّمُ لِأَحْمَدَ؟
- قالَ الْمُعَلِّمُ لِأَحْمَدَ: اِلْعَبْ مَعَ أَصْدِقائِكَ خارِجًا.

- أَيْنَ مِسْطَرَتي؟
- وَقَعَتْ عَلى الْأَرْضِ وَانكَسَرَتْ.

- مَنْ أَنْتَ؟
- أَنا تِلْميذٌ جَديدٌ.
- ما اسْمُكَ؟
- اِسْمي إِبْراهيمُ.

5

ضَعْ دائِرَةً حَوْلَ الْجِناسِ في ما يَلي:

1. في عالَمِ الْيَومِ عالِمٌ مُمَيَّزٌ اخْتَرَعَ سَيّارَةً تَطيرُ.
2. ذَهَبَ أَبي إِلى السّوقِ وَاشْتَرى لِأُمّي خاتَمًا مِنَ الذَّهَبِ.

6

مَشْروعُ الْوَحْدَةِ

سيرَةُ أَحَدِ الْمُخْتَرِعينَ أَوِ الْمُكْتَشِفينَ، تُخْبِرُنا فيها عَنْ حَياتِهِ وَعَنِ الْأَثَرِ الَّذي تَرَكَهُ في مُحيطِهِ وَبَلَدِهِ.

الْمَرْحَلَةُ الْأولَى:

دَوِّنوا أَفْكارَكُمْ ضِمْنَ مَجْموعَاتِكُمْ، مُسْتَخْدِمينَ مُخَطَّطَ الْعَصْفِ الذِّهْنِيِّ الْآتي:

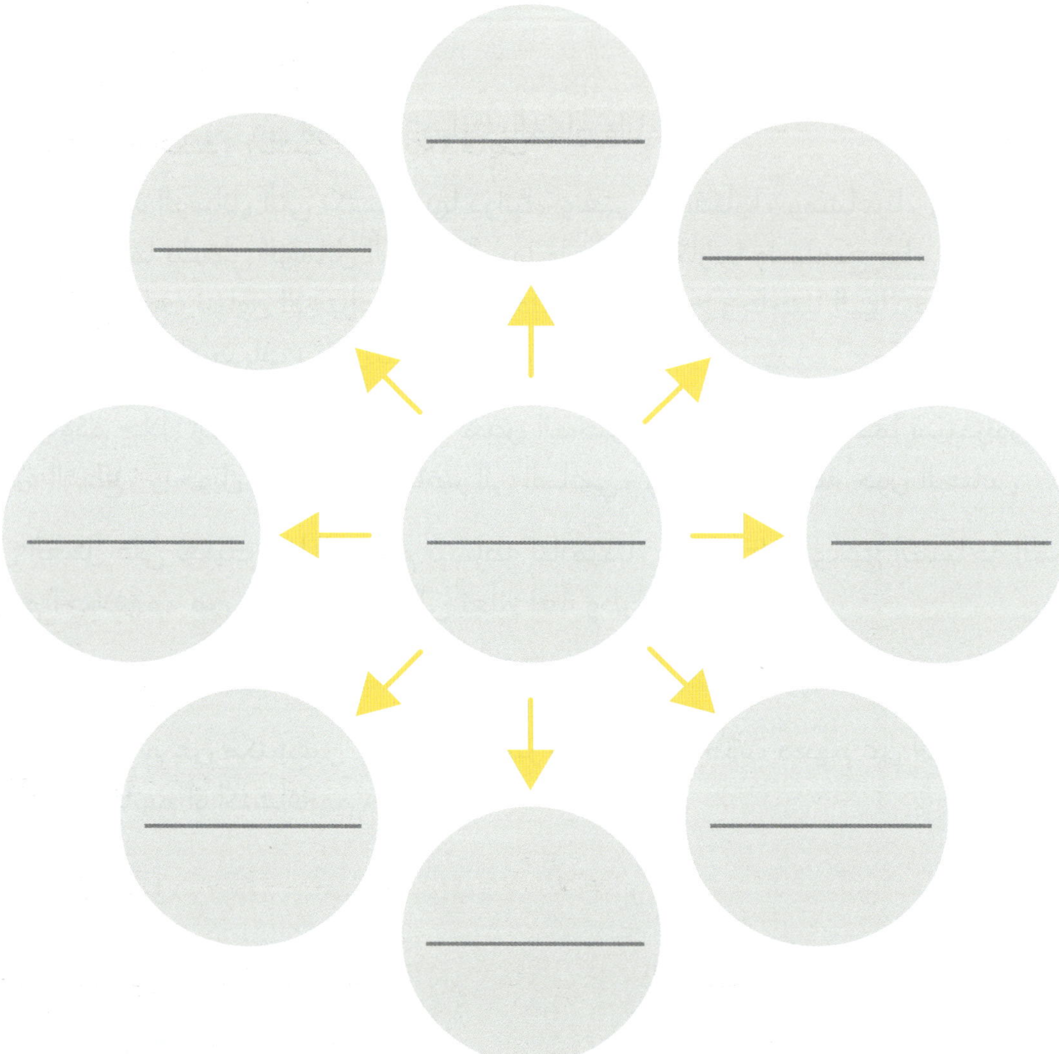

ثَقافَةٌ

إِخْتَرَعَ الْفينيقِيّونَ مُعْظَمَ الْحُروفِ الْأَبْجَدِيَّةِ الَّتي لا تَزالُ تُسْتَخْدَمُ في الْعالَمِ حَتّى يَوْمِنا هَذا.

وَقْتٌ أَقْضيهِ مَعَ أَهْلي بِاللُّغَةِ الْعَرَبِيَّةِ

أعزّائي أولياء الأمور،

سنبدأ هذا الأسبوع الحديث عن الوحدة: "صِلَتُنا بِالْمَكانِ وَالزَّمانِ".

تتقصّى هذه الوحدة الوسائل الّتي نكتشف بها ذواتنا، ونعبّر عن أفكارنا، ومشاعرنا، وطبيعتنا وثقافاتنا وعقائدنا وقيَمنا. كما تتقصّى الوسائل الّتي نتفكّر بها ونصقل ابتكاراتنا ونستمتع بها، وبها نقدّر كلّ ما هو جميل حولنا. سوف نتناول الاختراعات التي سجّلت عبر التّاريخ وحاجتنا إليها، من خلال السؤال المحوريّ "كيف تكون التحدّيات سببًا للبحث عن الحلول؟".

سيتعرّف أبناؤكم خلال الدّرس الأوّل إلى سير بعض المخترعين من الماضي، كما سيتدرّبون على كتابة همزة القطع، وتحويل جمل من الحاضر إلى الماضي، وينفّذون أنشطة حول الجناس.

من خلال العمل على تفكيك هذا المفهوم ببساطة لتلاميذنا، نعمل على توسيع المساحة المشتركة بينهم برغم اختلافهم، من خلال التركيز على تعلّم لغة وطن الإقامة.

نشجّعكم على:

1. البحث مع أبنائكم عن مكتشفين ومخترعين عبر التّاريخ، والتّحدّث معهم عن التّغيّرات التّي أحدثتها اختراعاتهم أو اكتشافاتهم في حياتنا.

تَقْييمٌ

Me and my parents!

Dear Parents,

The topic of this unit is "Where we are in place and time". We will examine the ways in which we reveal ourselves and express our feelings, personality, culture, beliefs and values. We also explore the ways we think, enjoy our innovations and appreciate all that is beautiful around us. Through the question "How can challenges be a reason to seek solutions?", your child will study past and present inventions which have changed history and influenced our lives

In this up-to-date method of teaching Arabic, we focus on the common ground students share and promote tolerance of diversity.

We invite you to follow your child's classroom activities and work with him / her at home. Listen to his / her enthusiasm and use the suggestions we offer in this section of the book to help him / her enjoy the process of learning Arabic.

In Lesson 1, your child will learn about some inventors from the past. He/ she will also change sentences from the present tense to the past.

Our suggestion:

1. Help your child do research on inventors throughout history and how their inventions affected life in general.

Assessment

الْوَحْدَةُ 2

الدَّرْسُ 2

مُخْتَرِعاتٌ وَمُخْتَرِعونَ مُعاصِرونَ

كَيْفَ تَكونُ الْحاجَةُ سَبَبًا لِلاخْتِراعِ؟

الْمُفْرَداتُ

1. تُوُفِّيَ
2. أَسَّسَ
3. عَدَّلَتْ
4. تَحْفَظ
5. يَطْمَح

نَحْكي وَنَسْتَمِعُ

1 اِسْتَمِعْ إِلى الْقِصَّةِ: "ميكي وَبَطّوط" ثُمَّ أَعِدْ سَرْدَها لِزَميلِكَ بِعِباراتِكَ الْخاصَّةِ.

2 اِسْتَمِعْ إِلى الْمَعْلوماتِ الَّتي سَيَقْرَأُها لَكَ الْمُعَلِّمُ عَنِ الشَّخْصِيّاتِ التّالِيَةِ،
ثُمَّ ضِمْنَ مَجْموعَتِكَ عَرِّفْ عَنْ أَحَدِها:

ماري كوري

توماس أَلْفا إِدِسون

حَسَن كامِل الصَّبّاح

والْت ديزْني

وَرْشَةُ الْمُفْرَداتِ

1 جِدْ جَذْرَ الْكَلِماتِ الْآتِيَةِ، ثُمَّ ابْحَثْ عَنْ مَعانيها وَاكْتُبْها في الْجَدْوَلِ التّالي:

	الْكَلِمَةُ	الْجَذْرُ	الْمَعْنى
.1	مَنْزِل		
.2	صِناعَة		
.3	تَعْزيز		

2 ضَعْ دائِرَةً حَوْلَ كُلٍّ مِنَ الْكَلِمَتَيْنِ الْمُترادِفَتَيْنِ في كُلِّ مَجْموعَةٍ.

1. تُوُفِّيَ - ماتَ - وُلِدَ
2. أَسَّسَ - دَمَّرَ - أَنْشَأَ
3. عَدَّلَتْ - غَيَّرَتْ - أَلْغَتْ
4. تَحْفَظُ - تَصونُ - تُبَذِّرُ
5. يَطْمَحُ - يُحِبُّ - يَتوقُ

3 اِعْمَلْ مَعَ مَجْموعَتِكَ عَلى إيجادِ مَجْموعَةِ الصِّفاتِ لِلْكَلِماتِ الْآتِيَةِ.

مُخْتَرِع	مَرْأب
______	______
______	______
______	______
______	______

نَقْرَأُ

اِقْرَأ النَّصّ: "الْمُخْتَرِعونَ وَالْمُخْتَرِعاتُ الْيَوْمَ".

الْكاتِبَةُ: سَناء شبّاني

وَقَفَ آدَمُ وَروزي وَداي-لين في مُقَدِّمَةِ الصَّفِّ.
قالَ آدَمُ: "سَأُحَدِّثُكُمْ يا أَصْدِقائي عَنْ مُخْتَرِعٍ اسْمُهُ ستيف جوبز.
هُوَ أميرِكِيُّ الْجِنْسِيَّةِ وُلِدَ عامَ 1955، وَتُوُفِّيَ عامَ 2011 في الْحادِيَةِ وَالْعِشْرينَ مِنْ عُمْرِهِ، أَسَّسَ مَعَ صَديقِهِ في مَرْأَبِ مَنْزِلِهِ شَرِكَةً لِصِناعَةِ الْحَواسيبِ.
أَصْبَحَتِ الشَّرِكَةُ إِحْدى أَهَمِّ شَرِكاتِ الْحَواسيبِ في الْعالَمِ. ستيف جوبز مِنْ أَفْضَلِ مُنْتِجي الْحَواسيبِ وَالْأَلْواحِ الْإِلِكْتْرونِيَّةِ الذَّكِيَّةِ في الْعالَمِ الَّتي تَمَيَّزَتْ بِصِغَرِ حَجْمِها وَسُهولَةِ اسْتِخْدامِها.

وَقَدْ قَرَأْتُ أَنَّهُ كانَ يَعيشُ أَيّامًا عَديدَةً عَلى تَناوُلِ التُّفّاحِ وَالْجَزَرِ!".

جاءَ دَوْرُ روزي فَقالَتْ: "سَأُحَدِّثُكُمْ عَنْ عالِمَةِ نَباتاتٍ اسْمُها جوان تشوري. وَهِيَ أَميرِكِيَّةُ الْجِنْسِيَّةِ وَلُبْنانِيَّةُ الْأَصْلِ، وُلِدَتْ عامَ 1955. قالَتْ لِلْعالَمِ إِنَّ النَّباتاتِ سَتُنْقِذُ الْكُرَةَ الْأَرْضِيَّةَ مِنَ الِاحْتِباسِ الْحَرارِيِّ النّاتِجِ عَنْ تَراكُمِ ثاني أوكْسيدِ الْكَرْبونِ في الْجَوِّ، وَالَّذي يُسَبِّبُ ازْدِيادَ دَرَجَةِ الْحَرارَةِ في الْعالَمِ. كُلُّنا نَعْلَمُ أَنَّ النَّباتاتِ تَمْتَصُّ ثانِيَ أوكْسيدِ الْكَرْبونِ في النَّهارِ عَبْرَ عَمَلِيَّةِ الْبِناءِ الضَّوْئِيِّ، وَتُعْطينا الْأوكْسِجينَ. عَدَّلَتْ جوان جيناتِ الْبُذورِ الزِّراعِيَّةِ لِتُصْبِحَ لِنَباتاتِها جُذورٌ أَطْوَلُ، فَتَحْفَظَ عِنْدَئِذٍ كَمِّيَّةً أَكْبَرَ مِنْ ثاني أوكْسيدِ الْكَرْبونِ، الَّذي يَبْقى في الْأَرْضِ عِنْدَ مَوْتِ النَّبْتَةِ".

جاءَ دَوْرُ داي-لين فَقالَ: "أَنا سَأُحَدِّثُكُمْ عَنْ رَجُلِ أَعْمالٍ وَمُخْتَرِعٍ اسْمُهُ إيلون ماسك. وُلِدَ في جَنوبِ أَفْريقْيا عامَ 1971. عامَ 2003 صَنَعَ سَيّارَةً كَهْرَبائِيَّةً، وَصُنِّفَتْ شَرِكَتُهُ بِأَنَّها الْأَكْثَرُ أَهَمِّيَّةً في الْعالَمِ في صِناعَةِ السَّيّاراتِ. يَمْلِكُ هَذا الْمُخْتَرِعُ شَرِكَةَ سِياحَةٍ في الْفَضاءِ لِمَنْ يَرْغَبُ. وَهُوَ كانَ يَطْمَحُ إِلَى تَعْزيزِ ذَكاءِ الْإِنْسانِ عَبْرَ وَصْلِ الدِّماغِ بِالذَّكاءِ الِاصْطِناعِيِّ".

غادَرَ الْجَميعُ الصَّفَّ وَهُمْ يُفَكِّرونَ في ما سَمِعوا وَيَتَحَدَّثونَ عَنْ أَسْماءٍ أُخْرى عَظيمَةٍ.

الْمَصادِرُ:

- مقال عن جوان تشوري ل إستير لاندهويس من موقع معهد هوارد هوجس الطبي HHMI
- سيرة إلون ماسك من موقع تسلا Tesla
- مقال عن ستيف جوبز من موقع everydaypower

2 **ظَلِّلِ الْكَلِماتِ الْجَديدَةَ في النَّصِّ، ثُمَّ ابْحَثْ عَنْ مَعْنَى كُلٍّ مِنْها، وَدَوِّنْها في دَفْتَرِكَ.**

3 **فَكِّرْ وَتَفَكَّرْ**

1. أَيْنَ جَرَتْ أَحْداثُ هَذا النَّصِّ.
2. ضَعِ الْعَلامَةَ ✓ حَيْثُ الْمَعْلومَةُ صَحيحَةٌ.

أ. ☐ إيلون ماسك صَنَعَ طائِرَةً كَهْرَبائِيَّةً، وَصُنِّفَتْ شَرِكَتُهُ عَلى أَنَّها الْأَهَمُّ في الْعالَمِ في صِناعَةِ الطّائِراتِ.

ب. ☐ ستيف جوبز هُوَ مِنْ أَفْضَلِ مُنْتِجي الحَواسيبِ والأَلْواحِ الإِلِكْترونِيَّةِ الذَّكِيَّة في العالَمِ.

ج. ☐ كانَ ستيف جوبز يَطْمَحُ إِلى تَعْزيزِ ذَكاءِ الإِنْسانِ عَبْرَ وَصْلِ الدِّماغِ بِالذَّكاءِ الاِصْطِناعِيِّ.

3. فِي النَّصِّ اخْتِراعاتٌ وَاكْتِشافاتٌ ساعَدَتِ الْبَشَرِيَّةَ إيجابِيًّا. في رَأْيِكَ، هَلْ هُناكَ اخْتِراعاتٌ أَوِ اكْتِشافاتٌ سَلْبِيَّةٌ؟

4 **اِخْتَرْ ثَلاثَةً مِنْ زُمَلائِكَ، وَاقْرَؤوا النَّصَّ، وَلْيُؤَدِّ أَحَدُكُمْ دَوْرَ الرّاوي، وَالثّاني دَوْرَ آدَمَ، وَالثّالِثُ دَوْرَ روزي وَالرّابِعُ دَوْرَ داي-لين.**

5 **كَلِماتٌ بَصَرِيَّةٌ أَسْتَطيعُ أَنْ أَقْرَأَها بِسُرْعَةٍ.**

ماذا - لا - هي - هُم - أسد - عشرة - وطن

اِقْرَأِ الْكَلِماتِ الْمَكْتوبَةَ في الْبِطاقاتِ، ثُمَّ ضَعْ كُلًّا مِنْها في جُمْلَةٍ مِنْ تَأْليفِكَ.

نَكْتُبُ

1 **أُكْتُبْ ما تَوَدُّ مُشارَكَتَهُ الْيَوْمَ في دَفْتَرِ يَوْمِيّاتِكَ.**

2 **حَوِّلِ الْجُمَلَ الْآتِيَةَ إِلى صيغَةِ الْماضي، ثُمَّ اقْرَأْها مَعَ زَميلٍ لَكَ.**

1. يَعْصِرُ أَخي اللَّيْمونَ.

____

2. يَرْبِطُ فادي شَريطَ حِذائِهِ.

____

3. يَحْرُثُ الْفَلّاحُ أَرْضَهُ.

____

4. يَحْرُسُ الْكَلْبُ حَديقَتَنا.

____

5. سَيَرْبَحُ شادي السِّباقَ لِأَنَّهُ سَريعٌ.

____

3

رَكِّبْ جُمْلَةً فِعْلِيَّةً في صيغَةِ الْماضي عَمّا تُشاهِدُ في كُلِّ رَسْمٍ.

.1 ________

.2 ________

.3 ________

.4 ________

.5 ________

.6 ________

4 اِقْرَأْ مَعَ زَميلِكَ الْحِواراتِ التّالِيَةَ، ثُمَّ ضَعْ خَطًّا تَحْتَ هَمْزَةِ الْقَطْعِ فيها:

- تُحِبُّ الْمَوْزَ أَمِ التُّفّاحَ؟
- لا أُحِبُّ الْمَوْزَ وَلا التُّفّاحَ، أُحِبُّ الْأَناناس.

- ماذا قالَ أَبي لِأُمّي؟
- قالَ أَبي لِأُمّي: "أَمْسِ كانَ الْأَكْلُ لَذيذًا."

- ماذا شَرِبَ أَميرٌ وَماذا أَكَلَ فادي؟
- شَرِبَ أَميرٌ الْعَصيرَ وَأَكَلَ فادي السَّمَكَ.

- ما لَوْنُ الْإِجّاصِ؟
- لَوْنُ الْإِجّاصِ أَصْفَرُ أَوْ أَخْضَرُ.

5 أُكْتُبْ ما يُمْليهِ عَلَيْكَ الْمُعَلِّمُ.

6

مَشْروعُ الْوَحْدَةِ

سيرَةُ أَحَدِ الْمُخْتَرِعينَ أَوِ الْمُكْتَشِفينَ تُخْبِرُنا فيها عَنْ حَياتِهِ وَعَنِ الْأَثَرِ الَّذي تَرَكَهُ في مُحيطِهِ وَبَلَدِهِ.

الْمَرْحَلَةُ الثّانِيَةُ:

أ. نَظِّمْ أَفْكارَكَ وَاسْتَخْدِمْ مُخَطَّطَ تَنْظيمِ الْأَفْكارِ أَدْناهُ لِمُساعَدَتِكَ.

الْعُنْوانُ	
الْمُقَدِّمَةُ	
تَفاصيلُ مُهِمَّةٌ	
تَفاصيلُ مُهِمَّةٌ	
تَفاصيلُ مُهِمَّةٌ	
الْخاتِمَةُ	

ب. تَأَكَّدْ مِنْ عَمَلِكَ مِنْ خِلالِ شَبَكَةِ التَّقْييمِ الْآتِيَةِ:

أُراجِعُ عَمَلي: تَنْظيمُ الْأَفْكارِ.			
صَنَّفْتُ الْأَفْكارَ في الْمُقَدِّمَةِ لِأَعْرِضَ فِكْرَةَ الْمَوْضوعِ.			
صَنَّفْتُ الْأَفْكارَ في صُلْبِ الْمَوْضوعِ لِأُبَيِّنَ تَفاصيلَ الْفِكْرَةِ.			
صَنَّفْتُ الْأَفْكارَ في النِّهايَةِ لِأُلَخِّصَ كُلَّ الْفِكْرَةِ.			
تَأَكَّدْتُ مِنْ وُضوحِ الْفِكْرَةِ الرَّئيسَةِ.			
تَأَكَّدْتُ مِنْ صِحَّةِ أَفْكاري.			
راعَيْتُ عَناصِرَ الْجِنْسِ الْأَدَبِيِّ الَّذي كَتَبْتُهُ.			
أَضَفْتُ تَفاصيلَ مُهِمَّةً وَمُشَوِّقَةً تَجْذِبُ الْقارِئَ.			

ثَقافَةٌ

الْبَراجيلُ تُلَطِّفُ الْجَوَّ في الْخِيَمِ وَالْبُيوتِ الْقَديمَةِ عِنْدَ الْعَرَبِ.

وَقْتٌ أَقْضيهِ مَعَ أَهْلي بِاللُّغَةِ الْعَرَبِيَّةِ

أعزّائي أولياء الأمور،

خلال الدّرس الثاني لهذه الوحدة "صِلَتُنا بِالْمَكانِ وَالزَّمانِ" سيتعرّف أبناؤكم إلى بعض المخترعين المعاصرين، كما سيقومون بأبحاثٍ للتّعرّف إلى المزيد من الاختراعات والاكتشافات. سوف يستخدمون الفعل الماضي في كتاباتهم ويتابعون العمل على تدريبات على مفردات جديدة والجناس وهمزة القطع.

نشجّعكم على:

1. البحث مع أبنائكم عن بعض المخترعين المعاصرين.

تَقْييمٌ

Me and my parents!

Dear Parents,

The topic of this unit is "Where we are in place and time". In Lesson 2, we focus on the theme of contemporary inventors. Students will also work on past tense verbs and other linguistic grammar, along with new vocabulary.

Our suggestion:

1. Help your child do research on contemporary inventors.

Assessment

إِنْتِرْنِت الْأَشْياءِ

الْكاتِبُ: بَيان الصَّفَدي - الرَّسّامة: لَيال خَليل

هَلْ تَعْلَمُ أَنَّ الْحَمامَ كانَ هُوَ الْبَريدَ السَّريعَ أَيّامَ زَمانٍ؟

ثُمَّ اخْتَرَعَ الْإِنْسانُ وَسائِلَ النَّقْلِ وَالْهاتِفَ وَالْحاسوبَ وَالشّابِكَةَ وَالْبَريدَ الْإِلِكْترونِيَّ، وَغَيْرَها مِنَ الِاخْتِراعاتِ، فَغَيَّرَتْ حَياتَنا.

ما أَذْكى الْإِنْسانَ! فَقَدِ اخْتَرَعَ إِنْتِرْنِت الْأَشْياءِ أَيْضًا، الَّذي يَنْقُلُ الْمَعْلوماتِ بَيْنَ الْأَجْهِزَةِ وَالْآلاتِ في كُلِّ مَكانٍ.

08:00

يُمْكِنُ إِنْتِرْنِت الْمَعْلوماتِ مَثَلًا، أَنْ يَجْعَلَ ساعَةَ الشَّخْصِ تُنَبِّهُهُ إِذا تَعَرَّضَ لِأَزْمَةٍ قَلْبِيَّةٍ. وَهَلْ تُصَدِّقُ أَنَّ فُرْشاةَ الْأَسْنانِ سَتُعْلِمُكَ إِنْ كُنْتَ نَظَّفْتَ أَسْنانَكَ جَيِّدًا أَمْ لا؟!

وَبِفَضْلِ إِنْتِرْنِت الْأَشْياءِ، فَإِنَّ هاتِفَكَ الذَّكِيَّ سَيُخْبِرُكَ بِأَوْقاتِ مُرورِ الْحافِلَةِ قُرْبَكَ، وَبِالطُّرُقِ الْفُضْلى لِلْوُصولِ إِلى الْمَكانِ الَّذي تُريدُهُ.

وَسَتُغْلِقُ مِنْ خِلالِ جَوّالِكَ جَميعَ الْأَبْوابِ الْخارِجيَّةِ الْمُزَوَّدَةِ بِأَقْفالٍ إِلِكْترونِيَّةٍ تُحَذِّرُكَ إِذا حاوَلَ أَحَدٌ فَتْحَ الْبابِ في غِيابِكَ.

وَفي الزِّراعَةِ سَيُوَفِّرُ إِنْتِرْنِت الْأَشْياءِ مَعْلوماتٍ عَنِ النُّمُوِّ، وَالْحَشَراتِ في الْمَزْروعاتِ، وَسَيَطْلُبُ ما تَحْتاجُ إِلَيْهِ مِنْ أَدْوِيَةٍ، وَأَنْتَ جالِسٌ تُفَكِّرُ في أُمورٍ أُخْرى.

ما أَذْكى الْعُلَماءَ الَّذينَ اخْتَرَعوا إِنْتِرْنِت الْأَشْياءِ!

الْمَصادِرُ:

مَدْخَلٌ إِلى إِنْتَرْنِت الْأَشْياءِ - مُصْطَفى الْعِراقيّ.

إِنْتَرْنِت الْأَشْياءِ - صَفاء المطرفيّ.

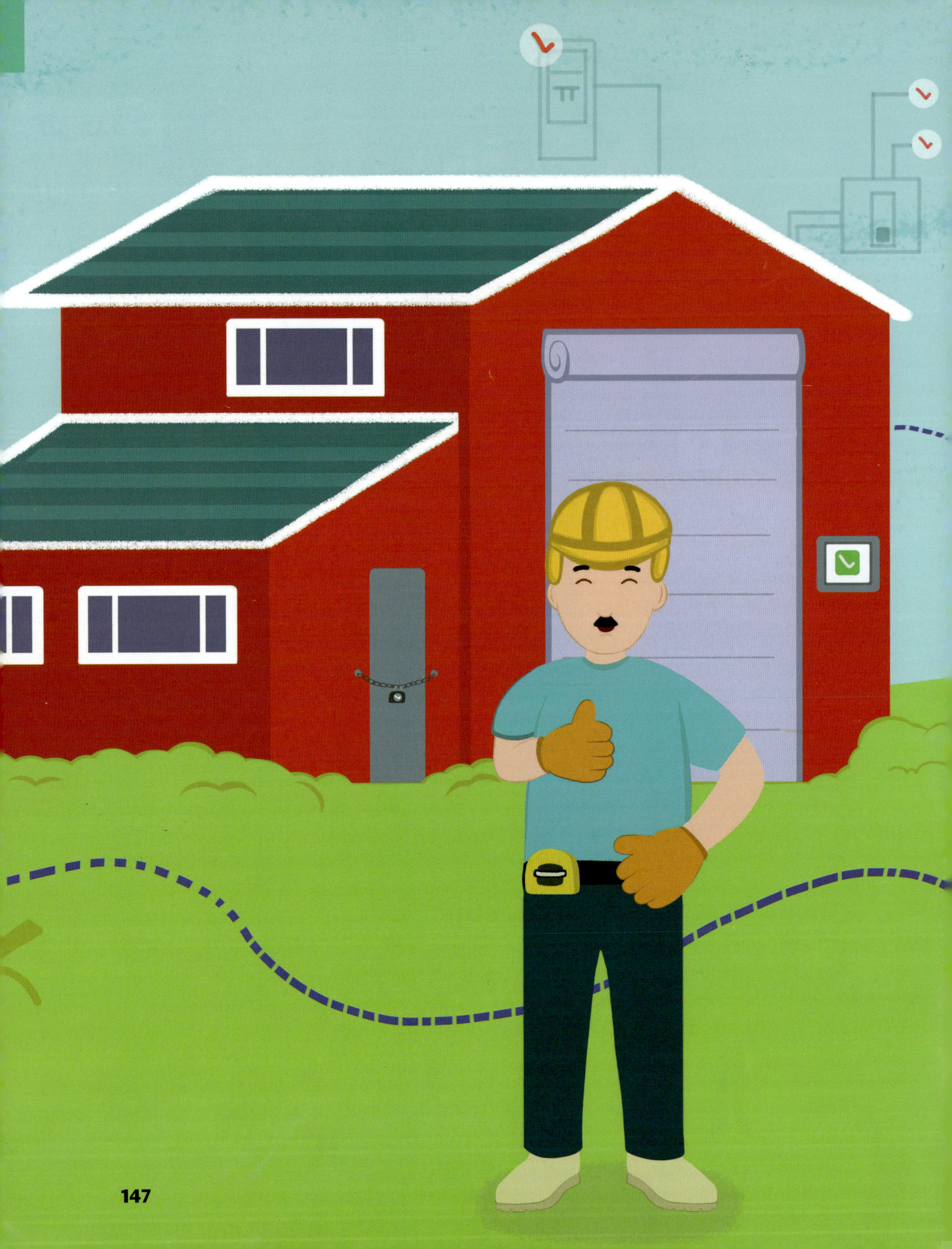

الْوَحْدَةُ 2

الدَّرْسُ 3

إِنْتِرْنِت الْأَشْياءِ

كَيْفَ نَسْتَخْدِمُ التِّكْنولوجْيا لِخِدْمَةِ الْبَشَرِيَّةِ؟

الْمُفْرَداتُ

1. نَظَّفَ
2. جالِس
3. أَزْمَة
4. نُمُوّ

نَحْكي وَنَسْتَمِعُ

1 في رَأْيِكَ، كَيْفَ سَتَبْدو الْحَياةُ مِنْ دونِ إِنْتِرْنِت؟

2 فَكِّرْ ضِمْنَ مَجْموعَتِكَ: لِماذا اخْتَرَعَ الْمُخْتَرِعونَ كُلَّ هَذِهِ الِاخْتِراعاتِ الَّتي نَتَمَتَّعُ بِها الْيَوْمَ:

الْهاتِف، السَّيّارَة، الثَّلّاجَة، الْقِطار، الْمِجْهَر، الصّاروخ، الْكمْبيوتِر، النَّظارات، السّاعَة، الْمِصْعَد الْكَهْرَبائِيّ، الْمِصْباح الْكَهْرَبائِيّ، التِّلْفاز...

وَرْشَةُ الْمُفْرَداتِ

1 اِعْمَلْ ضِمْنَ مَجْموعَتِكَ عَلى خَريطَةٍ كُلٍّ مِنَ الْكَلِماتِ الْآتِيَةِ:

الْمُفْرَدَةُ	الْمُرادِفُ	الضِّدُّ
نَظَّفَ		
جالِس		
أَزْمَة		
نُمُوّ		

2 صِلْ كُلَّ مُفْرَدَةٍ بِالصّورَةِ الْمُناسِبَةِ لَها.

1. حاسوبٌ

أ. 

2. هاتِفٌ

ب. 

3. الشّابِكَةُ

ج. 

4. الْبَريدُ الإلِكْترونيُّ

د. 

نَقْرَأُ

1 **اِقْرَأ النَّصَّ: "إِنْتِرْنِت الْأَشْياءِ".**

الْكاتِبُ: بَيان الصَّفَدي، الرَّسّامة: لَيال خَليل

2 **ظَلِّلِ الْكَلِماتِ الْجَديدَةَ في النَّصِّ، ثُمَّ ابْحَثْ عَنْ مَعْنى كُلٍّ مِنْها، وَدَوِّنْها في دَفْتَرِكَ.**

3 **فَكِّرْ وَتَفَكَّرْ**

1. حَدِّدْ مَفْهومَ "إِنْتِرْنِت الْأَشْياءِ" مِنْ خِلالِ النَّصِّ.
2. في رَأْيِكَ، كَيْفَ غَيَّرَتِ الشّابِكَةُ حَياتَنا؟
3. هلِ اسْتَنَدْتَ إِلى الشّابِكَةِ لِلاسْتِعْلامِ عَنْ شَيْءٍ مُعَيَّنٍ؟ ما هُوَ؟
4. بَيِّنْ الِاخْتِلافَ بَيْنَ "إِنْتِرْنِت الْأَشْياءِ" وَالْإِنْتِرْنِت الْعادِيِّ.

4 **اِقْرَأْ مَعَ زُمَلائِكَ النَّصَّ مَرَّةً ثانِيَةً قِراءَةً مُشْتَرَكَةً.**

5 كَلِماتٌ بَصَرِيَّةٌ أَسْتَطيعُ أَنْ أَقْرَأَها بِسُرْعَةٍ.

بَطَّة - جَمَل - فيل - دُبّ - دار - فيه - مَلِك

اِقْرَأِ الْكَلِماتِ الْمَكْتوبَةَ في الْبِطاقاتِ، ثُمَّ ضَعْ كُلًّا مِنْها في جُمْلَةٍ مِنْ تَأْليفِكَ.

نَكْتُبُ

1 اِقْرَأْ ما يَلي، ثُمَّ اسْتَخْرِجِ الْأَفْعالَ وَوَزِّعْها عَلى الْجَدْوَلِ التّالي:

أَمْسِ، زُرْتُ صَديقي - زَيْنَبُ تَذْهَبُ إِلى الْمَدْرَسَةِ كُلَّ يَوْمٍ - أَنا الْآنَ أُنْجِزُ تَمْرينَ الْحِسابِ - الْبارِحَةَ رَأَتْ أُخْتي عُصْفورًا في السَّماءِ - هُوَ يَتَحَدَّثُ اللُّغَةَ الْعَرَبِيَّةَ بِطَلاقَةٍ - قَبْلَ شَهْرٍ احْتَفَلْنا بِعيدِ الْفِطْرِ.

الْأَفْعالُ في صيغَةِ الْماضي	الْأَفْعالُ في صيغَةِ الْمُضارِعِ

2 اِسْتَخْرِجْ مِنَ النَّصِّ الْأَفْعالَ الْمُضارِعَةَ الدّالَّةَ عَلى الْمُسْتَقْبَلِ.

1. ______ 2. ______ 3. ______

3 ضِمْنَ مَجْموعَةٍ ثُنائِيَّةٍ، أَلِّفْ حَوْلَ كُلٍّ مِنَ الصُّوَرِ التّالِيَةِ جُمْلَةً تَبْدَأُ بِفِعْلٍ مُضارِعٍ:

1. ______

2. ______

3. ______

4. ______

4 **حَدِّدِ الْعَلاقَةَ بَيْنَ الْكَلِمَتَيْنِ الْمَكْتوبَتَيْنِ بِخَطٍّ عَريضٍ في كُلٍّ مِنَ الْجُمَلِ الْآتِيَةِ:**

1. **الْأَدَواتُ وَالْآلاتُ** وَسائِلُ تَتَطَوَّرُ بِاسْتِمْرارٍ. ○ ○ أ. التَّضادُّ
2. لِفَتْحِ **الْقُفْلِ** نَخْتارُ **الْمِفْتاحَ** الصَّحيحَ. ○ ○ ب. التَّرادُفُ
3. **دارَ** الطِّفْلُ في **الدّارِ** يَبْحَثُ عَنْ أُمِّهِ. ○ ○ ج. الْجِناسُ

5 **عَدِّدِ الْمُفْرَداتِ الْجَديدَةَ الَّتي تَعَلَّمْتَها في هَذا الدَّرْسِ، لِيُدَوِّنَها زَميلُكَ في اللّائِحَةِ.**

6 **أُكْتُبْ ما يُمْليهِ عَلَيْكَ الْمُعَلِّمُ.**

____

____

____

7

مَشروعُ الْوَحْدَةِ

سيرَةُ أَحَدِ الْمُخْتَرِعينَ أَوِ الْمُكْتَشِفينَ تُخْبِرُنا فيها عَنْ حَياتِهِ وَعَنِ الْأَثَرِ الَّذي تَرَكَهُ في مُحيطِهِ وَبَلَدِهِ.

الْمَرْحَلَةُ الثّالِثَةُ:

أ. طَوِّرْ أَفْكارَكَ مِنْ خِلالِ إِضافَةِ مُفْرَداتٍ دَقيقَةٍ وَغَنِيَّةٍ تَجْعَلُ ما تَكْتُبُهُ أَفْضَلَ.

	مِنْ مُخَطَّطِ تَنْظيمِ الْأَفْكارِ	إِضافَةُ الْمُفْرَداتِ
الْعُنْوانُ		
الْمُقَدِّمَةُ		
تَفاصيلُ مُهِمَّةٌ		
تَفاصيلُ مُهِمَّةٌ		
تَفاصيلُ مُهِمَّةٌ		
النِّهايَةُ		

ب. أُكْتُبِ الْمُسَوَّدَةَ الْأُولى في دَفْتَرِ الْكِتابَةِ، ثُمَّ نَقِّحْها مَعَ زَميلِكَ.

ج. تَأَكَّدْ مِنْ عَمَلِكَ مِنْ خِلالِ شَبَكَةِ التَّقْييمِ الْآتِيَةِ:

أُراجِعُ عَمَلي وَعَمَلَ زَميلي: إِضافَةُ الْمُفْرَداتِ			
اِخْتَرْتُ مُفْرَداتٍ بَليغَةً فيها لَوْنٌ وَصَوْتٌ وَرائِحَةٌ.			
اِخْتَرْتُ مُفْرَداتٍ مُخْتَلِفَةً مِنَ الْمُعْجَمِ الَّذي أَعْرِفُهُ.			
اِسْتَخْدَمْتُ مُفْرَداتٍ تَخْدِمُ الْجِنْسَ الْأَدَبِيَّ.			

ثَقافَةٌ

التِّلِغْراف وَسيلَةُ اتِّصالٍ سَبَقَتِ الْإِنْتِرْنِت.

وَقْتٌ أَقْضيهِ مَعَ أَهْلي بِاللُّغَةِ الْعَرَبِيَّةِ

أعزّائي أولياء الأمور،

خلال الأسبوع الثّالث من هذا المحورِ "صلتنا بالمكان والزّمان"، سيتعرّف أبناؤكُم المصطلح "إنترنت الأشياء" وسيستكشفون مجالات استخدامه. وسيتدرّبون كذلك على المفردات والجناس، وكتابة همزة القطع، وتمييز الفعل المضارع واستخدامه في جمل، إلى جانب العمل على الكتابة والقراءة ومراجعة الكلمات البصريّة.

نشجّعكم على:

1. البحث مع أبنائكم عن اختراعات تبرهن أنّها وليدة الحاجة الإنسانيّة، وأنّ الغرض منها تسهيل حياتنا.
2. توجيه أبنائكم إلى ضرورة تنظيم أوقاتٍ محدّدة لاستخدام التكنولوجيا.

تَقْييمٌ

Me and my parents!

Dear Parents,

The topic of this unit is "Where we are in place and time". In Lesson 3, we focus on the internet and how to use it correctly. Your child will be working on new vocabulary, sight words, spelling and reading. He / she will be also working on the present tense of the verb.

Our suggestions:

1. Help your child think about things that have been invented in response to people's needs.
2. Guide your child in scheduling specific times to use technological devices.

Assessment

كَيْفَ تُصْبِحُ مُخْتَرِعًا؟

الْمُفْرَداتُ

1. دَوَّنَ
2. الْحُلول
3. يَعْرِض
4. الْإِنْسان الْحَجَرِيّ

كَيْفَ تُصْبِحُ مُخْتَرِعًا؟

نَحْكي وَنَسْتَمِعُ

1 اِخْتَرِ اخْتِراعًا تَجِدُهُ ضَرورِيًّا في حَياتِكَ الْمَدْرَسِيَّةِ، وَاعْرِضْ فِكْرَتَهُ أَمامَ مَجْموعَتِكَ.

2 اِسْتَخْدِمِ الْأَشْياءَ الَّتي أَتَيْتَ بِها، لِتَخْتَرِعَ ما أَنْتَ بِحاجَةٍ إِلَيْهِ.

وَرْشَةُ الْمُفْرَداتِ

1 **ضِمْنَ مَجْموعَتِكَ، اِخْتَرْ مِنْ بَيْنِ الْبَدائِلِ الْمَعْنى الْمُناسِبَ لِكُلٍّ مِنَ الْكَلِماتِ الْمَكْتوبَةِ بِخَطٍّ عَريضٍ.**

1. وَجَدَتْ سارَةُ **حُلولًا** لِجَميعِ الْمَسائِلِ الْحِسابِيَّةِ.

أ. كُتُبًا

ب. إِجاباتٍ

ج. رُسوماتٍ

2. **يَعرِضُ** الْبائِعُ بِضاعَتَهُ عَلى زَبائِنِهِ.

أ. يَبيعُ

ب. يَطْلُبُ

ج. يَطْرَحُ

3. **دَوَّنَ** أَخي مُذَكِّراتِهِ.

أ. قَرَأَ

ب. كَتَبَ

ج. حَفِظَ

4. كانَ **الْإِنْسانُ الْحَجَرِيُّ** يَصْطادُ الْحَيَواناتِ بِيَدِهِ.

أ. الْإِنْسانُ الْأَوَّلُ

ب. الرَّجُلُ الْمُعاصِرُ

ج. الْإِنسانُ الْمُتَقَدِّمُ

2 اِسْتَكْشِفِ الْحَقْلَ الْمُعْجَمِيَّ لِلْكَلِمَةِ الْآتِيَةِ:

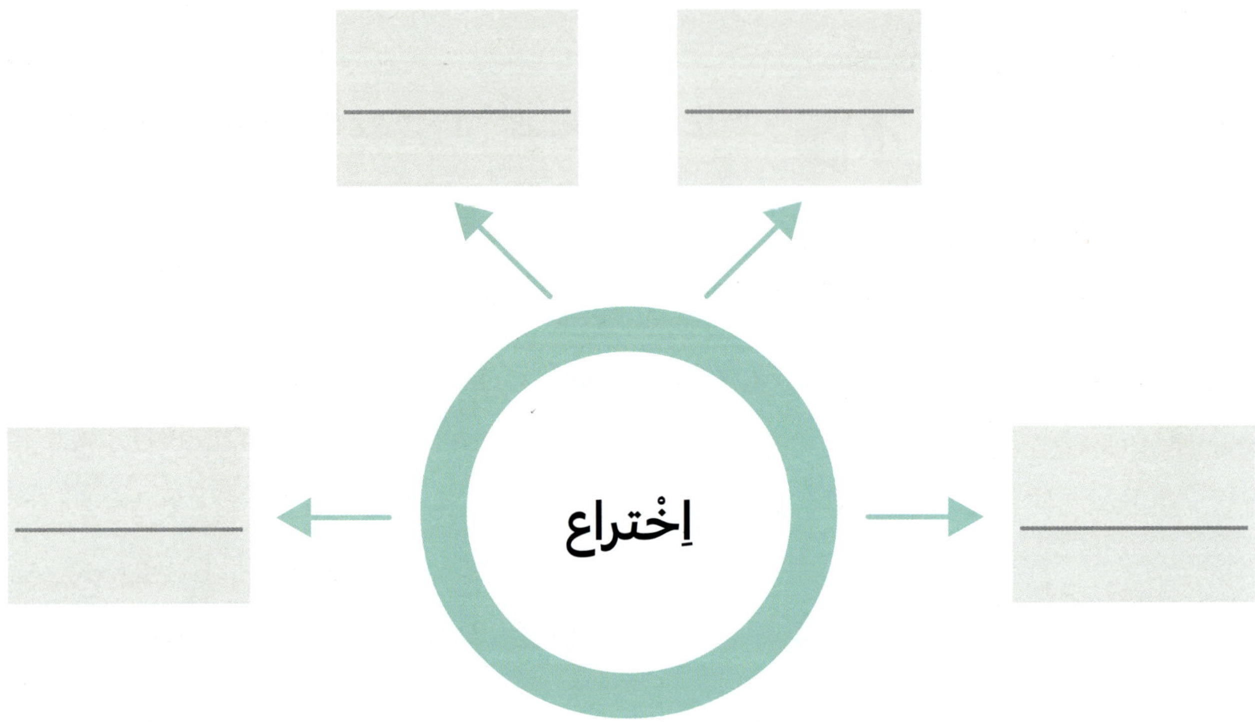

نَقْرَأُ

1 اِقْرَأْ النَّصَّ: "هَلْ مِنَ الْمُمْكِنِ أَنْ أُصْبِحَ مُخْتَرِعًا؟".

الْكاتِبُ: مُحَمَّد الْحايِكِيّ

- ماذا يَعْني أَنْ تَكُونَ مُخْتَرِعًا؟

الِاخْتِراعُ فِكْرَةٌ جَديدَةٌ مِن الْمُخْتَرِعِ، يُمْكِنُ تَصْنيعُها.

- مَنْ مِنّا لَيْسَ مُخْتَرِعًا؟

كُلُّنا مُخْتَرِعونَ، وَلَدَيْنا أَفْكارٌ جَديدَةٌ، وَلَكِنَّنا نَحْتاجُ إِلَى تَطْبيقِها حَتَّى نُصْبِحَ مُخْتَرِعينَ...

- هَلْ يُمْكِنُ أَنْ أَتَعَلَّمَ أَنْ أَكُونَ مُخْتَرِعًا؟

نَعَمْ، أَكيدٌ وَهَذِهِ بَعْضُ الْخَطَواتِ:

- قُلْ لِنَفْسِكَ: أَنا مُخْتَرِعٌ.
- اِكْتَشِفْ كَيْفَ تُصْنَعُ الْأَشْياءُ.
- فَكِّرْ في الْحُلولِ لِلْمَشاكِلِ حَوْلَكَ.
- دَوِّنِ الْفِكْرَةَ، وَطَوِّرْها.
- لِماذا نَخْتَرِعُ؟

نَحْنُ نَخْتَرِعُ لِأَنَّنا نَحْتاجُ إِلى الِاخْتِراعِ.

اِخْتَرَعَ الْإِنْسانُ الْحَجَرِيُّ الْفَأْسَ لِأَنَّهُ احْتاجَ إِلَيْها.

اِخْتَرَعَ الْفَراعِنَةُ السَّريرَ في عَهْدِ توت عَنخ آمون لِأَنَّهُمِ احْتاجُوا إِلَيْهِ.

اِخْتَرَعَ تُوماس إِدِسون الْمِصْباحَ لِأَنَّهُ احْتاجَ إِلَيْهِ.

- كَيْفَ نَخْتَرِعُ؟

"كُنْتُ أَرى ما يُريدُهُ النّاسُ، ثُمَّ أَبْدأُ بِالِاخْتِراعِ" توماس إِدِسون.

- نادي الْمُخْتَرِعينَ

فِي نادي الْمُخْتَرِعينَ يَجْتَمِعُ الْمُخْتَرِعونَ، وَيَعْرِضونَ الْمُخْتَرَعاتِ.

تَخَيَّلْ لَوْ أَنَّ الْمُخْتَرِعينَ لَمْ يُخْبِروا أَحَدًا عَنِ اخْتِراعاتِهِمْ، فَماذا كانَ سَيَحْصُلُ؟

سَجِّلِ اخْتِراعَكَ في ويبو wipo.int وَتَشارَكْهُ مَعَ الْعالَمِ.

الْمَصادِرُ:

- نِظامُ بَراءاتِ الِاخْتِراعِ مِنْ مَوْقِعِ الْمُنَظَّمَةِ الْعالَمِيَّةِ لِلْمِلْكِيَّةِ الْفِكْرِيَّةِ.
- مَقالُ تَعْريفِ الِاخْتِراعِ مِنَ الْمَوْقِعِ "مَوْضوع".
- مَكْتَبُ بَراءاتِ الِاخْتِراعِ لِمَجْلِسِ التَّعاوُنِ لِدُوَلِ الْخَليجِ الْعَرَبِيَّةِ.
- نَشْرَةُ بَراءاتِ الِاخْتِراعِ مِنْ مَوْقِعِ مَكْتَبِ الْبَراءاتِ السَّعوديِّ.

2 ظَلِّلِ الْكَلِماتِ الْجَديدَةَ في النَّصِّ، ثُمَّ ابْحَثْ عَنْ مَعْنَى كُلٍّ مِنْها، وَدَوِّنْها في دَفْتَرِكَ.

3 صِلِ اسْمَ الشَّخْصِيَّةِ بِالِاخْتِراعِ الْمُناسِبِ.

اِسْمُ الْمُخْتَرِعِ	الِاخْتِراعُ
1. أَلِكْسَنْدِر جْراهام	أ. الْفَأْسُ
2. توماس إِدِسون	ب. السَّريرُ
3. الْإِنْسانُ الْحَجَرِيُّ	ج. الْهاتِفُ
4. الْفَراعِنَةُ	د. الْمِصْباحُ

4 **فَكِّرْ وَتَفَكَّرْ**

1. حَدِّدِ الْهَدَفَ مِنْ هَذا التَّقْريرِ.
2. أُذْكُرْ مِنَ النَّصِّ ثَلاثَ نَصائِحَ تُساعِدُكَ لِتُصْبِحَ مُخْتَرِعًا.
3. فَسِّرْ ما يَلي: "كُنْتُ أَرَى ما يُريدُهُ النّاسُ، ثُمَّ أَبْدأُ بِالِاخْتِراعِ".
4. في رَأْيِكَ ما أَهَمِّيَّةُ نادي الْمُخْتَرِعينَ؟
5. هَلْ نَجَحَ الْكاتِبُ في عَرْضِ أَفْكارِهِ؟ هَلْ تَرى نَفْسَكَ أَصْبَحْتَ قادِرًا عَلى الِاخْتِراعِ؟

5 **كَلِماتٌ بَصَرِيَّةٌ أَسْتَطيعُ أَنْ أَقْرَأَها بِسُرْعَةٍ.**

سَرير - وَقَفَ - توت - ثَوْب - رَأْس - يَحْتَفِظ - طَبيعَة

إِقْرَأِ الْكَلِماتِ الْمَكْتوبَةَ في الْبِطاقاتِ قِراءَةً صامِتَةً، ثُمَّ الْعَبْ لُعْبَةَ الذّاكِرَةِ.

نَكْتُبُ

1 **عُدْ إِلى النَّصِّ وَضَعْ دائِرَةً حَوْلَ الْكَلِماتِ الَّتي تَبْدَأُ بِهَمْزَةِ وَصْلٍ.**

2

حدِّدِ الْعَلاقَةِ بَيْنَ الْكَلِماتِ الْمَكْتوبَةِ بِخَطٍّ عَريضٍ في الْعَمودَيْنِ الْأَوَّلِ وَالثّاني، (تَضادٌّ، أَوْ جِناسٌ، أَوْ تَرادُفٌ).

	الْعَمودُ الْأَوَّلُ	الْعَمودُ الثّاني	الْعَلاقَةُ
.1	**تخْتَلِفُ** الْآراءُ بَيْنَ اخْتِراعٍ وَآخرَ مِنْ حَيْثُ الْأَهَمِّيَّةُ.	**تَتَشابَهُ** اللُّغَةُ في بَعْضِ الْبُلْدانِ.	
.2	**كَتَبَ** أخي فَرْضَهُ.	**دَوَّنَ** حامِدٌ الْمَعْلوماتِ الْمُهِمَّةَ عَلى وَرَقَةٍ.	
.3	**حَلَّ** فَصْلُ الشِّتاءِ بِبَرْدِهِ الْقارِسِ.	**حَلَّ** عامِرٌ مَسْأَلَةَ الرِّياضِيّاتِ.	

3

ضِمْنَ مَجموعَةٍ ثُنائِيَّةٍ، أَلِّفْ عَنِ الصُّوَرِ الْآتِيَةِ جُمَلًا بِصيغَةِ الْمُسْتَقْبَلِ.

.1 ______________________

____

.2 ______________________

____

.3 ______________________

____

.4 ______________________

____

4 **عَدِّدِ الْمُفْرَداتِ الْجَديدَةَ الَّتي تَعَلَّمْتَها في هَذا الدَّرْسِ لِيُدَوِّنَها زَميلُكَ في اللّائِحَةِ.**

5 **أُكْتُبْ ما يُمْليهِ عَلَيْكَ الْمُعَلِّمُ.**

____

____

____

6 **اِمْلَأْ بِطاقَةَ التَّعْريفِ الذّاتِيَّةَ الْمَطْلوبَةَ لِلالْتِحاقِ بِفَريقِ الْمَدْرَسَةِ الرِّياضِيِّ.**

الِاسْمُ: ______________________________

تاريخُ الْوِلادَةِ: ______________________________

مَكانُ الْوِلادَةِ: ______________________________

الْجِنْسِيَّةُ: ______________________________

الْمَهاراتُ وَالْإِنْجازاتُ الرِّياضِيَّةُ: ______________________________

____

____

7

مَشْروعُ الْوَحْدَةِ

سيرَةُ أَحَدِ الْمُخْتَرِعينَ أَوِ الْمُكْتَشِفينَ، تُخْبِرُنا فيها عَنْ حَياتِهِ وَعَنِ الْأَثَرِ الَّذي تَرَكَهُ في مُحيطِهِ وَبَلَدِهِ.

الْمَرْحَلَةُ الرّابِعَةُ:

أ. نَقِّحْ عَمَلَكَ بِمُفْرَدِكَ، ثُمَّ مَعَ زَميلِكَ، وَمِنْ بَعْدِ ذَلِكَ مَعَ الْمُعَلِّمِ.

ب. تَأَكَّدْ مِنْ عَمَلِكَ مِنْ خِلالِ شَبَكَةِ التَّقْييمِ الْآتِيَةِ:

أُراجِعُ عَمَلي مَعَ الْمُعَلِّمِ: السَّلامَةُ اللُّغَوِيَّةُ.			
راجَعْتُ عَمَلي لِلتَّأَكُّدِ مِنْ سَلامَةِ اللُّغَةِ فيهِ.			
اِسْتَخْدَمْتُ عَلاماتِ التَّرْقيمِ الْمُناسِبَةَ.			
اِسْتَخْدَمْتُ الرَّسْمَ الصَّحيحَ لِلْكَلِماتِ (الْإِمْلاء)			
راجَعْتُ الْقَواعِدَ وَتَأَكَّدْتُ مِنْ صِحَّتِها.			
كَتَبْتُ بِخَطٍّ واضِحٍ تُمْكِنُ قِراءَتُهُ بِسُهولَةٍ.			

ثَقافَةٌ

يَعْمَلُ الْعُلَماءُ حالِيًّا عَلى اخْتِراعِ نَظّاراتٍ ذَكِيَّةٍ لِلْمَكْفوفينَ.

وَقْتٌ أَقْضيهِ مَعَ أَهْلي بِاللُّغَةِ الْعَرَبِيَّةِ

أعزّائي أولياء الأمور،

خلال الأسبوع الرّابع من هذا المحورِ "صلتنا بالمكان والزّمان"، سيتعرّف أبناؤكُم ماهيّة الاختراع والأساليب التي يحتاج الفرد إلى تعزيزها ليصبح مخترعًا. كما أنّهم سيتعرّفون بعض المخترعين واختراعاتهم. وسيعملون كذلك على تدريبات حول المفردات، وسيميّزون بين التّرادف والطّباق والجناس. سيتمرّنون على كتابة همزة الوصل، واستخدام الفعل المضارع في صيغة المستقبل. إلى جانب العمل على الكتابة والقراءة ومراجعة الكلمات البصريّة.

نشجّعكم على:

1. حثّ أبنائكم على اختيار ألعاب التفكير / الألعاب الذهنيّة، والتي تُعدّ من الأنشطة الممتعة وتزيد من نشاط الدماغ. هذه الألعاب تشجّع الإنسان على وضع الاستراتيجيّات، وتحسين أنظمة التركيز لديه. من الألعاب المقترحة لأبنائكم (الشطرنج، سودوكو...)

2. استثارة أفكارهم من خلال طرح أسئلة نقاشيّة حول أيّ موضوعٍ أو قضيّة معاصرة.

تَقْييمٌ

Me and my parents!

Dear Parents,

The topic of this unit is "Where we are in place and time". In Lesson 4, we will focus on how to be an inventor. Students will also learn about more inventors and their inventions.

Our suggestions:

1. Play thinking games such as Chess and Sudoku with your child. Not only are these games enjoyable but they also help your child develop strategic skills and improve focus.
2. Hold regular discussions with your child. Discuss any contemporary subject that may be of interest.

Assessment

كَيْفَ تُؤَثِّرُ الِاخْتِراعاتُ عَلى الْمُجْتَمَعاتِ؟

الْكاتِبَةُ: د. هَنادا طَه - الرَّسّامُ: فادي سَلامَة

تَخَيَّلوا مَعي، ماذا كُنّا سَنَفْعَلُ لَوْ لَمْ يَخْتَرِعوا الْعَجَلاتِ؟

تَخَيَّلوا مَعي، كَيْفَ كُنّا سَنَصِلُ إِلى مَكانٍ لا نَعْرِفُهُ مِنْ دونِ الْبوصَلَةِ؟

تَخَيَّلوا مَعي، كَيْفَ تَكونُ حَياتُنا لَوْ لَمْ يَخْتَرِعوا الطّائِرَةَ، وَالْمَساميرَ، وَالْكَهْرَباءَ، وَالْوَرَقَ، وَالْإِنْتِرْنِت، وَالْأَشْياءَ الْأُخْرى الَّتي نَحْتاجُ إِلَيْها كُلَّ يَوْمٍ؟

أَتَعْرِفونَ ماذا سَتَفْعَلونَ؟

سَوْفَ تَخْتَرِعونَها أَنْتُمْ!!!

N
W
E
S

الِاخْتِراعاتُ تُغَيِّرُ حَياتَنا. فَمَثَلًا، هَلْ تَعْرِفُ أَنَّ اخْتِراعَ مُحَرِّكِ الْبُخارِ الْبَسيطِ جِدًّا كانَ هُوَ السَّبَبَ في اخْتِراعِ الْقِطاراتِ وَالسَّيّاراتِ وَالطّائِراتِ؟

هَلْ تَعْرِفُ أَنَّ النّاسَ قَلَّما كانوا يُسافِرونَ مَسافاتٍ طَويلَةً لِزِيارَةِ أَهاليهِمْ وَأَصْحابِهِمْ، لِأَنَّ السَّفينَةَ كانَتْ وَسيلَةَ السَّفَرِ الْوَحيدَةَ قَبْلَ اخْتِراعِ السَّيّارَةِ وَالْقِطارِ وَالطّائِرَةِ؟

أَتَعْرِفُ أَيْضًا أَنَّ أَشِعَّةَ "إكس" الَّتي يَسْتَخْدِمُها الطَّبيبُ لِتَصْويرِ الْكُسورِ في الْيَدِ أَوِ الْقَدَمِ أَحْيانًا، غَيَّرَتْ حَياتَنا؟

وَلَكِنْ أُريدُ أَنْ أَقولَ لَكُمْ إِنَّ أَشِعَّةَ "إكس" اكْتِشافٌ وَلَيْسَتِ اخْتِراعًا.

أَتَعْرِفونَ الْفَرْقَ بَيْنَ الِاخْتِراعِ وَالِاكْتِشافِ؟

الِاخْتِراعُ يَأْتي مِنْ فِعْلِ "اخْتَرَعَ" وَمَعْناهُ أَنَّ هُناكَ شَخْصًا فَكَّرَ، وَصَنَعَ شَيْئًا لَمْ يَكُنْ مَوْجودًا مِنْ قَبْلُ، فَيَكونُ هُوَ مَنِ اخْتَرَعَهُ.

أَمّا الِاكْتِشافُ فَهُوَ مِنْ فِعْلِ "اكْتَشَفَ" وَ"كَشَفَ"، وَمَعْناهُ أَنَّ هُناكَ شَيْئًا مَوْجودًا أَصْلًا في الطَّبيعَةِ، ثُمَّ أَتى شَخْصٌ ما وَكَشَفَهُ وَعَرَّفَ النّاسَ بِهِ.

يَقولُ الْمُخْتَرِعونَ إِنَّ الِاخْتِراعَ الْقادِمَ سَيَكونُ هاتِفًا يَقْرَأُ أَفْكارَكَ.

فَمَثَلًا إِنْ كُنْتَ تُفَكِّرُ في إِرْسالِ رِسالَةٍ إِلى والِدَيْكَ، فَإِنَّ الْهاتِفَ قارِئَ الْأَفْكارِ يَفْعَلُ ذَلِكَ بَدَلًا مِنْكَ.

يا تُرى، ماذا سَتَخْتَرِعُ أَنْتَ؟

الْمَصادِرُ:

- مَقالَةٌ عَنِ اخْتِراعاتِ أَلِكْسَنْدِر غْراهام بِل، مِنَ الْمَوْقِعِ Study
- المَقالَةُ "35 اِخْتِراعًا غَيَّرَ الْعالَمَ"، مِنَ الْمَوْقِعِ interestingengineering
- مَقالَةٌ عَنْ مُمَيِّزاتِ الْهَواتِفِ الذَّكِيَّةِ في الْمُسْتَقبَلِ، مِنَ الْمَوْقِعِ androidauthority

كَيْفَ تُؤَثِّرُ الِاخْتِراعاتُ عَلى الْمُجْتَمَعاتِ؟

الْمُفْرَداتُ

1. الْعَجَلات
2. البوصَلَة
3. مُحَرِّكُ الْبُخارِ
4. الْهاتِف

كَيْفَ تُؤَثِّرُ الِاخْتِراعاتُ عَلى الْمُجْتَمَعاتِ؟

نَحْكي وَنَسْتَمِعُ

1 اِسْتَمِعْ إِلى رِسالَةٍ مُسَجَّلَةٍ مِنَ الْمُعَلِّمِ، ثُمَّ ناقِشْ ما فَهِمْتَهُ ضِمْنَ مَجْموعَتِكَ.

.1 

.2 

2 أُرْسُمْ دائِرَةً حَوْلَ الِاخْتِراعِ وَمُرَبَّعًا حَوْلَ الِاكْتِشافِ.

الْمِلْحُ - الذَّهَبُ التِّلْفازُ - الْجَزيرَةُ - الْحاسوبُ - النّارُ - الْجاذِبِيَّةُ - السَّيّارَةُ - الْقَمَرُ.

3 اِلْعَبْ مَعَ زُمَلائِكَ لِإِعْطاءِ أَمْرٍ مُداوَرَةً.

وَرْشَةُ الْمُفْرَداتِ

1 **اِرْبِطِ الْكَلِمَةَ بِالصّورَةِ الَّتي تُعَبِّرُ عَنْها، ثُمَّ وَظِّفْها في جُمَلٍ جَديدَةٍ.**

1. الْعَجَلاتُ ○ ○ أ.

2. الْبوصَلَةُ ○ ○ ب.

3. مُحَرِّكُ الْبُخارِ ○ ○ ج.

4. الْأَشِعَّةُ إِكْس د.

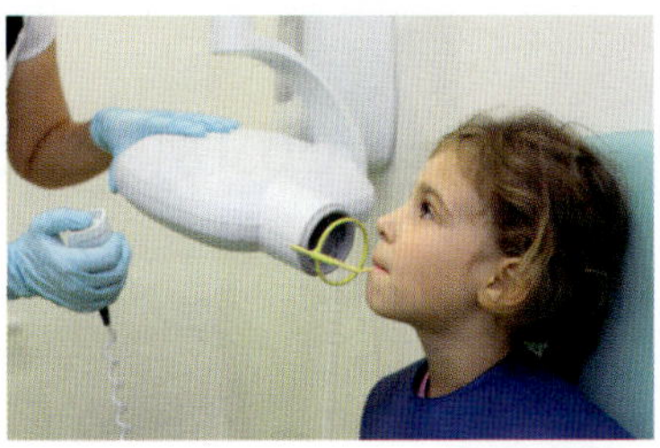

2 اِعْمَلْ مَعَ مَجْموعَتِكَ عَلى مَجْموعَةِ الْأَوْزانِ.

فَعَلَ	عَرَفَ	________	كَتَبَ
فاعِلٌ	________	دارِسٌ	________

نَقْرَأُ

1 اِقْرَأ النَّصَّ: "كَيْفَ تُؤَثِّرُ الِاخْتِراعاتُ عَلَى الْمُجْتَمَعاتِ؟"

الْكاتِبَةُ: د.هَنادا طَهَ، الرَّسّامُ: فادي سَلامَة

2 ظَلِّلِ الْكَلِماتِ الْجَديدَةَ في النَّصِّ، ثُمَّ ابْحَثْ عَنْ مَعْنى كُلٍّ مِنْها، وَدَوِّنْها في دَفْتَرِكَ.

3

ضِمْنَ مَجْموعَتِكَ، اِمْلأ الْجَدْوَلَ بِما هُوَ مَطْلوبٌ.

	السَّبَبُ	النَّتيجَةُ
.1	اِخْتِراعُ الْمُحَرِّكِ الْبُخارِيِّ	
.2		النّاسُ كانوا قَليلًا ما يُسافِرونَ لِزيارَةِ أَهْلِهِمْ وَلِلسِّياحَةِ.
.3	اِكْتِشافُ الْأَشِعَّةِ إِكْس.	

4

فَكِّرْ وَتَفَكَّرْ

1. كَيْفَ بَدَأَتِ الْكاتِبَةُ نَصَّها؟
2. مَنْ يَخْتَرِعُ غَيْرُ الْعُلَماءِ؟
3. اِسْتَخْرِجْ مِنَ النَّصِّ دَليلًا يَدْعَمُ فِكْرَةَ أَنَّ الِاخْتِراعَ هُوَ وَليدُ الْحاجَةِ الْإِنْسانِيَّةِ.
4. كَيْفَ تَرى الْهاتِفَ قارِئَ الْأَفْكارِ؟
5. قارِنْ رُسومَ النَّصِّ "كَيْفَ تُؤَثِّرُ الِاخْتِراعاتُ عَلى الْمُجْتَمَعاتِ؟" بِالنَّصِّ "مُخْتَرَعاتٌ وَمُخْتَرِعونَ مِنَ الْقُرونِ الْماضِيَةِ" مِنْ حَيْثُ: ارْتِباطُ رُسومِهِما بِمُحْتَوى النَّصَّيْنِ، وَطَبيعَةُ الْأَلْوانِ الْمُسْتَخْدَمَةِ.

5 **حَدِّدِ الْعَلاقَةَ بَيْنَ الْكَلِماتِ الْمَكْتوبَةِ بِخَطٍّ عَريضٍ في الْعَمودَيْنِ الْأَوَّلِ وَالثّاني.**

	الْعَمودُ الْأَوَّلُ	الْعَمودُ الثّاني	تَضادٌّ	تَرادُفٌ	سَجْعٌ
1.	**اِخْتَرَعَ** أَخي سَيّارَةً إِلِكْترونِيَّةً.	**اِبْتَكَرَ** الْمُوَظَّفُ فِكْرَةً مُمَيَّزَةً.			
2.	صَمَّمَ الْمُدَرِّسُ مَوْقِعًا إِلِكْترونِيًّا **مُتاحًا** لِجَميعِ التَّلاميذِ.	الدُّخولُ إِلى أوروبّا **مَمْنوعٌ** مِن دونِ إِذْنِ مُرورٍ.			
3.	يَلْتَزِمُ الْإِنْسانُ الْمُحْتَرَمُ **بِالْوُعودِ**.	فَرِحَ أَبْناءُ الْقَرْيَةِ بِمُساعَدَةِ **الْجُنودِ**.			

6 **كَلِماتٌ بَصَرِيَّةٌ أَسْتَطيعُ أَنْ أَقْرَأَها بِسُرْعَةٍ.**

فَم - عَيْن - لَهُم - عِنْدَهُ - أُخْتي - مَجْروح - سِنين

اِقْرَأِ الْكَلِماتِ الْمَكْتوبَةَ في الْبِطاقاتِ، ثُمَّ صَنِّفْها إِلى:

اِسْم | فِعْل | حَرْف

نَكْتُبُ

1 أُكْتُبْ ما تَوَدُّ مُشارَكَتَهُ الْيَوْمَ في دَفْتَرِ يَوْمِيّاتِكَ.

2 أُرْسُمْ في دَفْتَرِكَ كَيْفَ تَرى شَكْلَ الْهاتِفِ قارِئِ الْأَفْكارِ.

3 عَدِّدِ الْمُفْرَداتِ الْجَديدَةَ الَّتي تَعَلَّمْتَها في هَذا الدَّرْسِ، لِيُدَوِّنَها زَميلُكَ في اللّائِحَةِ.

4 أُكْتُبْ ما يُمْليهِ عَلَيْكَ الْمُعَلِّمُ.

5 مَشْروعُ الْوَحْدَةِ

سيرَةُ أَحَدِ الْمُخْتَرِعينَ أَوِ الْمُكْتَشِفينَ، تُخْبِرُنا فيها عَنْ حَياتِهِ وَعَنِ الْأَثَرِ الَّذي تَرَكَهُ في مُحيطِهِ وَبَلَدِهِ.

الْمَرْحَلَةُ الْخامِسَةُ:

أ. راجِعْ مَوْضوعَكَ كامِلًا، وَاسْأَلْ زَميلَكَ: "هَلْ تَشْعُرُ بِحَماسَتي لِلْمَوْضوعِ؟ وَهَلْ تَسْتَطيعُ أَنْ تَعْرِفَ أَنَّني مَنْ كَتَبَهُ؟".

ب. تَأَكَّدْ مِنْ عَمَلِكَ مِنْ خِلالِ شَبَكَةِ التَّقْييمِ الْآتِيَةِ:

أُراجِعُ عَمَلي: صَوْتُ الْكاتِبِ.			
راجَعْتُ عَمَلي مَعَ زَميلي.			
تَأَكَّدْتُ مِنْ أَنَّ نَصّي سَيَنْقُلُ مَشاعِري إِلى الْقارِئِ.			
سَيَرْغَبُ الْقارِئُ في مُشارَكَةِ ما قَرَأَهُ بِصَوْتٍ عالٍ.			

ثَقافَةٌ

ما هِيَ بَراءَةُ الِاخْتِراعِ؟

وَقْتٌ أَقْضيهِ مَعَ أَهْلي بِاللُّغَةِ الْعَرَبِيَّةِ

أعزّائي أولياء الأمور،

خلال الدّرس الخامس من هذا المحورِ "صلتنا بالمكان والزّمان"، سيميّز أبناؤكم الاختراع من الاكتشاف، كما سيتعرّفون بعض المخترعين واختراعاتهم. سيتدرّبون كذلك على تدريبات حول ربط السبب بالنتيجة، وكذلك على التّرادف، والأضداد والجناس، وكتابة همزة القطع، واستخدام فعل الأمر في جمل، إلى جانب العمل على الكتابة والقراءة ومراجعة الكلمات البصريّة.

نشجّعكم على:

1. تحفيز أبنائكم على فكرة الاختراع، من خلال الاستماع إلى أفكارهم الجديدة ومناقشتها، وإفساح المجال لهم لاختبار تجاربهم في مكان آمن.
2. مشاهدة فيلم مع أبنائكم عن مخترعين عالميّين، ثمّ مناقشة ما شاهدوه.

تَقْييمٌ

Me and my parents!

Dear Parents,

The topic of this unit is “Where we are in place and time”. In Lesson 5, we will focus on the difference between inventions and discoveries. Students will also get to learn about more inventors.

Our suggestions:

1. Encourage your child to invent something. Listen to his / her thoughts and help him / her try this experience in a safe environment.
2. Watch movies about famous inventors with your child. Then have a discussion about what you have learned.

Assessment

قَصائِدُ عَرَبِيَّةٌ

الْمُفْرَداتُ

1. الشُّرْفَة
2. الْمَشْهَد
3. مُبَعْثَرَة
4. تَعَطَّلَ

مَتى نُقَدِّرُ الْأَشْياءَ الَّتي حَوْلَنا؟

نَحْكي وَنَسْتَمِعُ

1 أُنْظُرْ إِلى صورَةِ الدَّرْسِ. في رَأْيِكَ، لِماذا تَبْدو روزي فَرِحَةً؟ وَأَنْتَ ما الَّذي يُفْرِحُكَ؟

2 تَناقَشْ ضِمْنَ مَجْموعَتِكَ في السُّؤالِ الْآتي: "مَتى نُقَدِّرُ الْأَشْياءَ الَّتي حَوْلَنا؟".

3 شاهِدِ الْفيلْمَ الَّذي سَيَعْرِضُهُ عَلَيْكَ الْمُعَلِّمُ، ثُمَّ قَيِّمْهُ ضِمْنَ مَجْموعَتِكَ بِحَسَبِ شَبَكَةِ التَّقْييمِ الْآتِيَةِ.

شَبَكَةُ التَّقْييمِ:

ما هُوَ رَأْيي في:	🙂	😐	🙁
الْمَوْضوعِ			
الْحِوارِ			
الْمَشاهِدِ			
الْمُمَثِّلينَ			
الْموسيقى			
الثِّيابِ			

وَرْشَةُ الْمُفْرَداتِ

1 **أُرْبُطِ الْكَلِمَةَ بِالصّورَةِ الَّتي تُعَبِّرُ عَنْها، ثُمَّ وَظِّفْها في جُمَلٍ جَديدَةٍ.**

1. مُبَعْثَرَةٌ ○ ○ أ. 

2. الشُّرْفَةُ ○ ○ ب. 

3. تَعَطَّلَتْ ○ ○ ج. 

4. مَشْهَدٌ ○ ○ د. 

اِعْمَلْ مَعَ مَجْموعَتِكَ عَلى الْمُفْرَداتِ. 2

1. اِسْتَكْشِفِ الْحَقْلَ الْمُعْجَمِيَّ لِلْكَلِمَةِ الْآتِيَةِ:

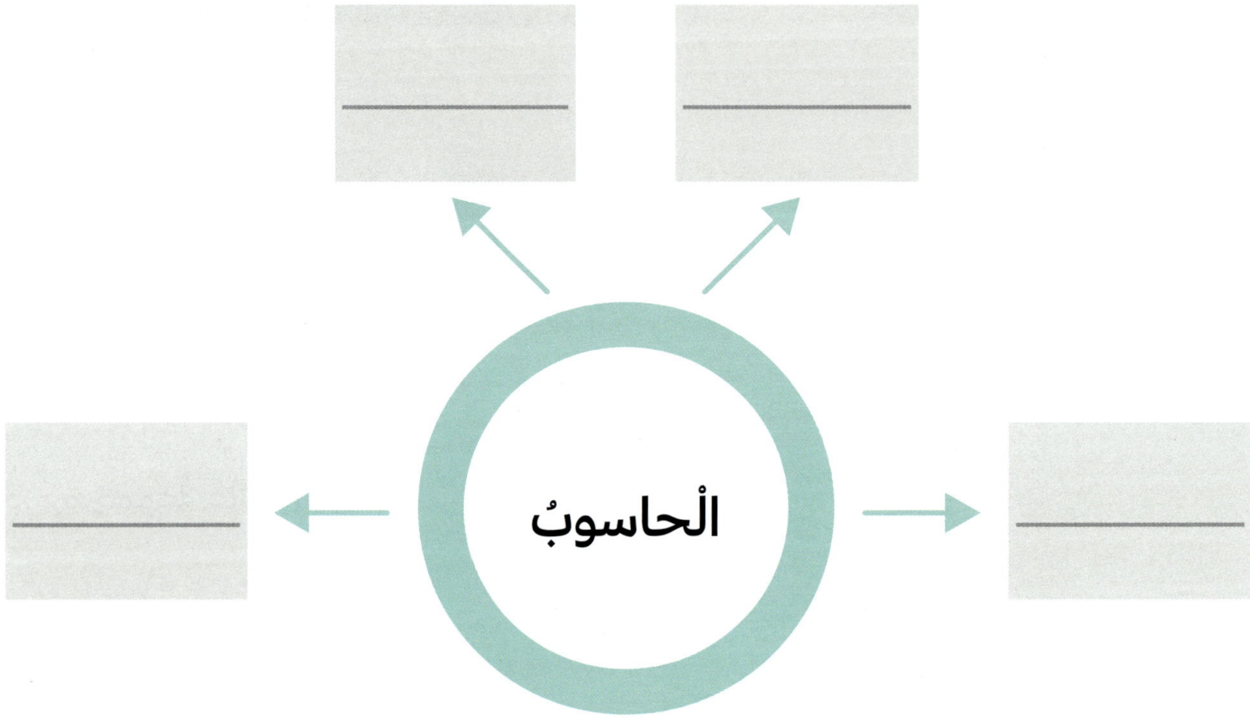

2. مَجْموعَةُ خَريطَةِ الْكَلِمَةِ

الْمُفْرَدَةُ	الْمُرادِفُ	الضِّدُّ
تَعَطَّلَ		
خَرَجْتُ		
أَدْري		

3. مَجْموعَةُ عائِلَةِ الْكَلِمَةِ

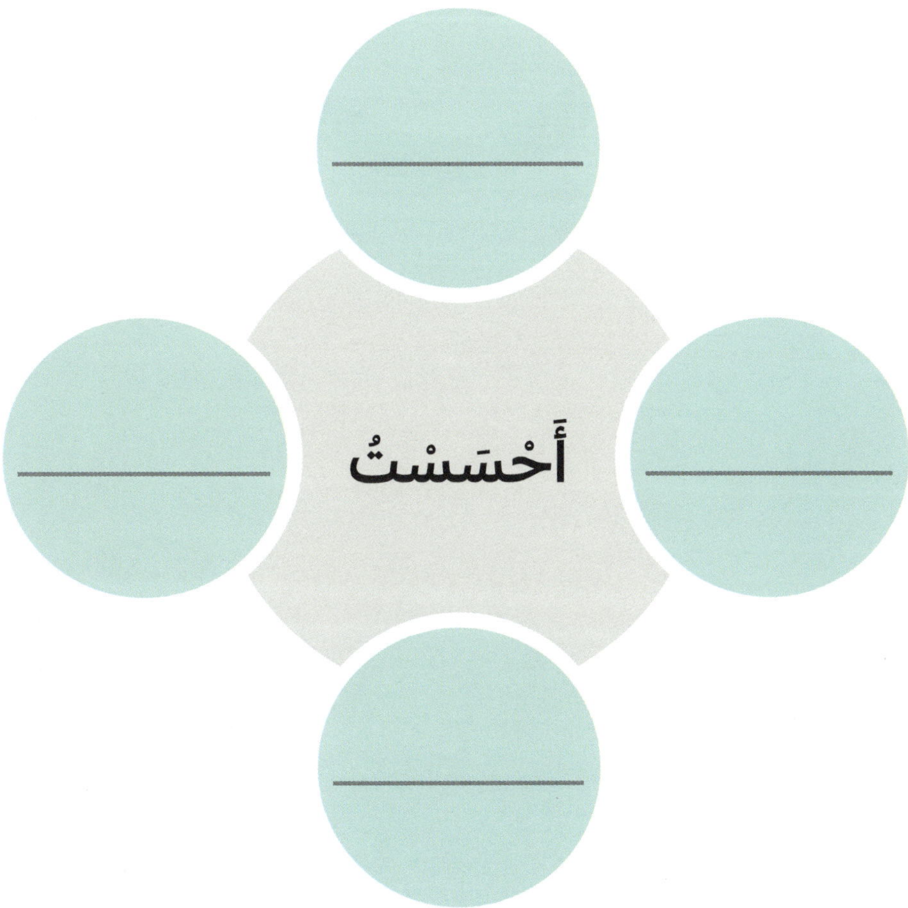

4. مَجْموعَةُ الصِّفاتِ

الْبَحْرُ	الْأَشْجارُ
________	________
________	________

5. مَجْموعَةُ الْأَوْزانِ

فَعِلَ		حَسِبَ	
تَفَعَّلَ			تَمَزَّقَ

نَقْرَأُ

1 **اِقْرَأْ النَّصَّ: "حاسوب".**

الْكاتِبُ: جَوْدَت فَخر الدّين

حينَ تَعَطَّلَ حاسوبي،
أَحْسَسْتُ بِأَنّي كالضّائِعِ،
قُلْتُ لأُمّي في غَضَبٍ: كَيْفَ سَنُصْلِحُهُ؟
وَخَرَجْتُ إلى الشُّرْفَةِ لا أَدْري ماذا أَفْعَلُ...

الْبَحْرُ أَمامي، وَالْأَشْجارُ،
وَبَعْضُ طُيورٍ فَوْقَ بِناياتٍ عالِيَةٍ
تَحْتَ غُيومٍ بَيْضاءَ مُبَعْثَرَةٍ

ما أَجْمَلَ هَذا الْمَشْهَدَ!
لِماذا لا أَجْلِسُ بَعْضَ الْوَقْتِ،
هُنا في الشُّرْفَةِ؟
بَعْضَ الْوَقْتِ...
وفي كُلِّ الأَيّامِ...

2 ظَلِّلِ الْكَلِماتِ الْجَديدَةَ في النَّصِّ، ثُمَّ ابْحَثْ عَنْ مَعْنى كُلٍّ مِنْها، وَدَوِّنْها في دَفْتَرِكَ.

3 فَكِّرْ وَتَفَكَّرْ

1. اِسْتَكْشِفِ الْفِكْرَةَ الْعامَّةَ الَّتي دارَتْ حَوْلَها الْقَصيدَةُ.
2. أُذْكُرْ كَيْفَ كانَ الْوَلَدُ يَقْضي وَقْتَهُ غالِبًا؟ دَلِّلْ عَلى صِحَّةِ إِجابَتِكَ.
3. ماذا وَصَفَ الشّاعِرُ في الْمَقْطَعِ الثّاني مِنَ الْقَصيدَةِ.
4. اِشْرَحْ كَيْفَ تَحَوَّلَتْ مُشْكِلَةُ الْوَلَدِ إِلى فائِدَةٍ لَهُ.
5. هَلْ سَبَقَ لَكَ أَنْ واجَهْتَ مُشْكِلَةً، وَتَحَوَّلَتْ إِلى فائِدَةٍ؟ حَدِّثْنا عَنْها.

4 لَحِّنِ الْقَصيدَةَ مَعَ مَجْموعَةٍ مِنَ الزُّمَلاءِ، وَأَنْشِدْها.

5 كَلِماتٌ بَصَرِيَّةٌ أَسْتَطيعُ أَنْ أَقْرَأَها بِسُرْعَةٍ.

هَذِهِ - مِثْلُ - عِنْدَها - أَمامَ - غُرْفَةٌ - عُطْلَةٌ - أُرْسِلُ

ضِمْنَ مَجْموعَتِكَ، اِقْرَأْ كَلِماتِ الْوَحْدَةِ الْمَكْتوبَةَ في الْبِطاقاتِ.

نَكْتُبُ

1 **أُرْبُطِ اسْمَ الْإِشارَةِ بِالصّورَةِ الَّتي تُناسِبُهُ، ثُمَّ اكْتُبْ جُمْلَةً مُناسِبَةً لِكُلِّ صورَةٍ.**

1. هَذا ○ ○ أ. 

2. هَذِهِ ○ ○ ب. 

3. ذَلِكَ ○ ○ ج. 

4. تِلْكَ ○ ○ د. 

.1 ________________________________

.2 ________________________________

.3 ________________________________

.4 ________________________________

2 **عَدِّدِ الْمُفْرَداتِ الْجَديدَةَ الَّتي تَعَلَّمْتَها في هَذا الدَّرْسِ، لِيُدَوِّنَها زَميلُكَ في اللّائِحَةِ.**

3 **مَشْروعُ الْوَحْدَةِ**

سيرَةُ أَحَدِ الْمُخْتَرِعينَ، أَوِ الْمُكْتَشِفينَ، تُخْبِرُنا فيها عَنْ حَياتِهِ، وَعَنِ الْأَثَرِ الَّذي تَرَكَهُ في مُحيطِهِ، وَفي بَلَدِهِ.

الْمَرْحَلَةُ السّادِسَةُ:

أ. راجِعِ الْجُمَلَ بِمُفْرَدِكَ، ثُمَّ مَعَ زَميلِكَ، وَمِنْ بَعْدِها مَعَ الْمُعَلِّمِ.

ب. راجِعِ الْجُمَلَ، وَالسَّلامَةَ اللُّغَوِيَّةَ مَعَ الْمُعَلِّمِ، ثُمَّ اكْتُبْ عَمَلَكَ في دَفْتَرِكَ.

ج. أُنْشُرْ عَمَلَكَ بِشَكْلٍ يَليقُ بِهِ.

د. تَأَكَّدْ مِنْ عَمَلِكَ مِنْ خِلالِ شَبَكَةِ التَّقْييمِ الْآتِيَةِ:

أُراجِعُ عَمَلي مَعَ الْمُعَلِّمِ: السَّلامَةُ اللُّغَوِيَّةُ.			
تَبْدَأُ جُمَلي بِداياتٍ مُخْتَلِفَةً.			
كَتَبْتُ جُمَلًا مُتَنَوِّعَةً، بَعْضُها طَويلٌ وَبَعْضُها قَصيرٌ.			
راعَيْتُ قَواعِدَ الْإِمْلاءِ، وَالْقَواعِدَ النَّحْوِيَّةَ.			
كَتَبْتُ بِخَطٍّ واضِحٍ تُمْكِنُ قِراءَتُهُ بِسُهولَةٍ.			
راجَعْتُ ما كَتَبْتُهُ لِلتَّأَكُّدِ مِنْ سَلاسَةِ الْجُمَلِ.			
فَهِمَ الْقارِئُ الْمَوْضوعَ بِسُهولَةٍ.			
نَشَرْتُ نَصّي بِأَفْضَلِ طَريقَةٍ لِيَنالَ إِعْجابَ الْقارِئِ.			

ثَقافَةٌ

عَجائِبُ الدُّنْيا السَّبْعُ.

وَقْتٌ أَقْضيهِ مَعَ أَهْلي بِاللُّغَةِ الْعَرَبِيَّةِ

أعزّائي أولياء الأمور،

خلال الأسبوع الأخير من المحور الثّاني "صلتنا بالمكان والزّمان"، سيكتشف أبناؤكم مَتى نُقَدِّرُ الْأَشْياءَ الَّتي حَوْلَنا، وذلك بعد التّنبّه لوجودها. كما سيتابعون العمل على الكتابة والقراءة، والمفردات، ومراجعة الكلمات البصريّة. سيقدّمون أيضًا الموضوع الّذي كتبه كلّ منهم خلال هذه الوحدة.

نشجّعكم على:

1. ممارسة أنشطة بدنيّة مع أبنائكم لا ترتبط بالتكنولوجيا.
2. تقدير أبسط الأشياء الّتي نمتلكها، من خلال إلقاء الضوء عليها والتأمّل فيها.

Dear Parents,

The topic of this unit is "Where we are in place and time". In Lesson 6, we focus on the theme of appreciation of our surroundings. Students will learn to notice and appreciate what is around them. They will also learn new vocabulary and spelling. Each student will present the essay that he / she has been working on throughout the unit.

Our suggestions:

1. Set aside some time to do physical activities with your child away from technological devices.
2. Help your child appreciate and be grateful for what he / she has.

تَقْييمٌ

الْوَحْدَةُ

3

كَيْفَ نُعَبِّرُ عَنْ أَنْفُسِنا؟

الدُّروسُ:

كَيْفَ نُعَبِّرُ عَنْ مَشاعِرِنا وَأَفْكارِنا مِنْ خِلالِ الْكِتابَةِ؟

أَسْئِلَةُ الِاسْتِكْشافِ

- كَيْفَ تُؤَثِّرُ فينا الْإِعْلاناتُ؟
- كَيْفَ نُنَمّي خَيالَنا؟
- كيف نَخْتارُ قُدْوَتَنا؟
- كَيْفَ نُعَبِّرُ عَنْ مَشاعِرِنا وَأَفْكارِنا؟
- أَيُّهُما يُحاكيني أَكْثَرَ: الشِّعرُ أَمِ النَّثْرُ؟
- ما الْوَسائِلُ الَّتي نُعَبِّرُ بِها عَنْ أَنْفُسِنا؟

إِعْلاناتُ الْأَطْفالِ: عالَمٌ مُخيفٌ

الْكاتِبَةُ: د. هَنادا طَهَ - الرَّسّامَةُ: حَنان الْقاعي

"لا أُصَدِّقُ، لا أُصَدِّقُ، لا أُصَدِّقُ". قالَ فارِسٌ وَهُوَ يَقْرَأُ تَقْريرًا طَلَبَ مِنْهُمْ مُدَرِّسُهُمُ الْأُسْتاذُ سامي أَن يَقْرَؤوهُ، وَأَكْمَلَ: "هَذا جُنونٌ. كَيْفَ يَكونُ عَدَدُ الْإِعْلاناتِ الَّتي يُشاهِدُها الْأَطْفالُ 30,000 دِعايَةٍ في السَّنَةِ؟ كَيْفَ؟ ماماااااا... مامااااااا، أَيْنَ أَنْتِ؟".

"أَنا في غُرْفَةِ الْجُلوسِ يا حَبيبي. هَلْ أَنْتَ بِخَيْرٍ؟" سَأَلَتْ أُمُّ فارِسٍ.

بِسُرْعَةٍ وَصَلَ فارِسٌ إِلى غُرْفَةِ الْجُلوسِ، وَقالَ: "ماما، ماما، هَلْ تَعْلَمينَ أَنَّ الْأَطْفالَ مِنْ عُمْرِ الثّانِيَةِ حَتّى السّابِعَةَ عَشْرَةَ، يُشاهِدونَ التِّلْفازَ ما بَيْنَ 15.000 وَ 18.000 ساعَةٍ سَنَوِيًّا، بَيْنَما يَذْهَبونَ إِلى الْمَدْرَسَةِ ما يُقارِبُ 12.000 ساعَةٍ سَنَوِيًّا؟ وَهَلْ تَعْرِفينَ يا ماما أَنَّ الْأَطْفالَ يَرَوْنَ 21 إِعْلانًا لِلْوَجَباتِ السَّريعَةِ وَالْحَلْوَياتِ كُلَّ ساعَةٍ؟".

اِبْتَسَمَتْ أُمُّ فارِسٍ وَقالَتْ: "مَعْلوماتٌ مُهِمَّةٌ جِدًّا، وَالْأَهَمُّ أَنَّ مَصْدَرَها مَوْثوقٌ بِهِ".

قالَ فارِسٌ: "ماما، هَلْ تَسْمَحينَ لي بِأَنْ أَلْتَقِيَ بِأَصْدِقائي في حَديقَةِ الْحَيِّ لِنَتَحَدَّثَ عَنْ هَذا التَّقْريرِ؟".

قالَتْ أُمُّ فارِسٍ: "نَعَمْ، شَرْطَ أَنْ تَكونَ في الْبَيْتِ بَعْدَ ساعَةٍ بِالضَّبْطِ".

هَتَفَ فارِسٌ: "حاضِرٌ".

وَصَلَ الْأَصْدِقاءُ إِلى الْحَديقَةِ، فَقالَ فارِسٌ: "هَلْ قَرَأْتُمُ التَّقْريرَ الَّذي أَعْطانا إِيّاهُ الْأُسْتاذُ سامي الْيَومَ؟".

قالَتْ هَيا: "نَعَمْ، أَنا قَرَأْتُهُ".

قالَ آدَمُ: "أَنا انْشَغَلْتُ".

قالَتْ روزي: "أَنا قَرَأْتُهُ وَوَجَدْتُهُ مُمِلًّا".

وَقالَ داي-لين: "وَأَنا قَرَأْتُهُ، وَعَرَفْتُ أَنَّ شَرِكاتِ الْإِعْلانِ مَثَلًا، تَكْسِبُ 17 مِلْيارَ دولارٍ سَنَوِيًّا مِنْ إِعْلاناتِ الْأَطْفالِ وَالْوَجَباتِ السَّريعَةِ".

قالَتْ هَيا: "أَتَعْرِفونَ أَنَّ التَّقْريرَ ذَكَرَ أَنَّهُ في أَميركا تُباعُ 3.6 مِلْياراتِ لُعْبَةٍ سَنَوِيًّا، مِنْها الْعَرائِسُ وَالسَّيّاراتُ وَشَخْصِيّاتُ ديزْني، وَأَنَّ 80% مِنَ الْأَلْعابِ الْمَوْجودَةِ فِي السّوقِ مَصْنوعَةٌ في الصّينِ؟".

قالَتْ روزي: "هَذِهِ أَرْقامٌ مُخيفَةٌ. مَعْقولٌ؟".

قالَ فارِسٌ: "مَعْقولٌ جِدًّا، مَصادِرُ هَذا التَّقْريرِ مَوْثوقٌ بِها".

قالَتْ روزي: "ماذا نَسْتَطيعُ أَنْ نَفْعَلَ؟".

قالَ آدَمُ: "نَجْعَلُ كُلَّ مَنْ حَوْلَنا يَقْرَأُ هَذا التَّقْريرَ؟".

قالَ فارِسٌ: "فِكْرَةٌ رائِعَةٌ".

قالَ آدَمُ: " أَسْتَطيعُ أَنْ أُرْسِلَ التَّقْريرَ لِكُلِّ أَصْدِقائِنا وَأَقارِبِنا".

قالَتْ هَيا وَداي-لين معًا: "فِكْرَةٌ عَظيمَةٌ".

صَرَخَ فارِسٌ وَهُوَ يَرْكُض بِاتِّجاهِ بَيْتِهِ: "فِكْرَةٌ راااائِعَةٌ، عَلَيَّ أَنْ أَكونَ في الْبَيْتِ بَعْدَ دَقيقَتَيْنِ كَما وَعَدْتُ ماما، وَإِلّا فَسَأَكونُ في وَرْطَةٍ".

الْفِهْرِسُ:

التَّقْريرُ: عَرْضٌ مَكْتوبٌ لِمَعْلوماتٍ وَإِحْصاءاتٍ عَنْ مَوْضوعٍ مُحَدَّدٍ.

مَصادِرُ مَوْثوقَةٌ: أَيُّ مَصْدَرٍ لِلْمَعْلوماتِ لا نَشُكُّ في صِحَّةِ وَصِدْقِ الْمَعْلوماتِ الَّتي يَذْكُرُها.

شَرِكاتُ الإِعْلانِ: هِيَ شَرِكاتٌ تَهْتَمُّ بِتَصْميمِ وَتَنْفيذِ دِعاياتٍ لِمُنْتَجٍ مُعَيَّنٍ، وَجَعْلِهِ يَبْدو كَأَفْضَلِ مُنْتَجٍ في الْعالَمِ.

الْمَصادِرُ:

مَقال: التَّسْويقُ وَالإِعْلاناتُ لِلْأَطْفالِ مِنْ مَوْقِعِ غُرْفَةِ التِّجارَةِ الدَّوْلِيَّةِ.

مَقال: الْأَطْفالُ كَمُسْتَهْلِكينَ - أنوب شاه - مِنَ الْمَوْقِعِ globalissu

الْوَحْدَةُ 3

الدَّرْسُ 1

بِالْأَرْقامِ

الْمُفْرَداتُ

1. تَقْريرٌ
2. تَكْسِبُ
3. إِعْلانٌ
4. وَرْطَةٌ

كَيْفَ تُؤَثِّرُ فينا الْإِعْلاناتُ؟

نَحْكي وَنَسْتَمِعُ

1 **أُنْظُرْ إِلى صورَةِ الدَّرسِ، وَأَخْبِرْ زَميلَكَ عَمّا تَرى فيها مُسْتَعينًا بِالْكَلِماتِ التّالِيَةِ:**

إِعْلاناتٌ - مُنْتَجٌ - سِلْعَةٌ - مُسْتَهْلِكٌ - جَريدَةٌ - شَرِكَةُ إِعْلانٍ

2 **تَخَيَّلْ نَفْسَكَ مُذيعًا وَمُقَدِّمًا لِبَرامِجَ تِلْفازِيَّةٍ، وَسَتُجْري مُقابَلَةً مَعَ مُصَمِّمِ إِعْلاناتٍ شَهيرٍ في بَلَدِكَ. أُكْتُبْ ضِمْنَ مَجْموعَتِكَ ثَلاثَةَ أَسْئِلَةٍ تَوَدُّ طَرْحَها عَلى مُصَمِّمِ الْإِعْلاناتِ الَّذي سَتَسْتَضيفونَهُ في الصَّفِّ.**

___

___

___

3

مُقابَلَةٌ مَعَ مُصَمِّمِ إِعْلاناتٍ.

شَبَكَةُ تَقْويمِ إِجْراءِ مُقابَلَةٍ.			
أَلْقَيْتُ التَّحِيَّةَ عَلى ضَيْفي.			
سَأَلْتُ ضَيْفي عَنْ أَحْوالِهِ.			
رَحَّبْتُ بِضَيْفي.			
طَرَحْتُ أَسْئِلَتي بِطَريقَةٍ لَبِقَةٍ.			
اِسْتَخْدَمْتُ لُغَةً سَليمَةً.			
اِسْتَمَعْتُ لِضَيْفي وَشَكَرْتُهُ بَيْنَ كُلِّ سُؤالٍ وَسُؤالٍ			
خَتَمْتُ مُقابَلَتي بِالتَّقْديرِ وَالشُّكْرِ لِضَيْفي.			

وَرْشَةُ الْمُفْرَداتِ

1 جِدْ جَذْرَ الْكَلِماتِ الْآتِيَةِ، ثُمَّ ابْحَثْ عَنْ مَعانيها وَاكْتُبْها في الْجَدْوَلِ التّالي:

	الْكَلِمَةُ	الْجَذْرُ	الْمَعْنى
.1	تَقْريرٌ		
.2	فِكْرَةٌ		
.3	أَقارِبُ		

2 اِرْبِطِ الْكَلِمَةَ بِالصّورَةِ الَّتي تُعَبِّرُ عَنْها، ثُمّ وَظِّفْ كُلًّا مَنْها في جُمْلَةٍ جَديدَةٍ.

1. تَقْرير
2. يَكْسِبُ
3. وَرْطَةٌ
4. إعْلانٌ

أ. 

ب. 

ج. 

د. 

3 اِسْتَكْشِفِ الْحَقْلَ الْمُعْجَمِيَّ لِلْكَلِمَةِ الْآتِيَةِ:

الْإِعْلاناتُ

- ________
- ________
- ________
- ________

نَقْرَأُ

1 اِقْرَأِ النَّصَّ: "إِعْلاناتُ الْأَطْفالِ: عالَمٌ مُخيفٌ".

الْكاتِبَةُ: د. هَنادا طَه، الرَّسّامَةُ: حَنان الْقاعي

2 ظَلِّلِ الْكَلِماتِ الْجَديدَةَ في النَّصِّ، ثُمَّ ابْحَثْ عَنْ مَعْنى كُلٍّ مِنْها وَدَوِّنْها في دَفْتَرِكَ.

3

فَكِّرْ وَتَفَكَّرْ

1. لِمَ فوجِئَ فارِسٌ في الْبِدايَةِ؟
2. بَيِّنْ رُدودَ فِعْلِ الشَّخْصِيّاتِ عَلى التَّقْريرِ.
3. بِمَ فَكَّرَ الْأَصْدِقاءُ لِحَلِّ هَذِهِ الْمُشْكِلَةِ؟
4. لَوْ كُنْتَ مَكانَ الْأَصْدِقاءِ الْخَمْسَةِ، فَماذا سَيَكونُ اقْتِراحُكَ؟

4

ناقِشْ مَعَ زَميلٍ لَكَ إيجابِيّاتِ الْإِعْلاناتِ وَسَلْبِيّاتِها.

	إيجابِيّاتٌ	سَلْبِيّاتٌ
.1		
.2		
.3		
.4		

5 **اِقْرَأْ أَسْئِلَةَ الِاسْتِبْيانِ التّالي وَأَجِبْ عَنْها.**

كَمْ تُمْضي مِنَ الْوَقْتِ تَقْريبًا في الْأَنْشِطَةِ غَيْرِ الْمَدْرَسِيَّةِ التّالِيَةِ في الْيَوْمِ الدِّراسِيِّ العادِيِّ؟

	مِنْ 3 إلى 5 ساعاتٍ	مِنْ ساعَةٍ إلى 3 ساعاتٍ	أَقَلَّ مِنْ ساعَةٍ	لا أُمْضي أَيَّ وَقْتٍ
مُشاهَدَةُ الْأَفْلامِ				
الْأَلْعابُ الْإِلِكْترونِيَّةُ				
قِراءَةُ الْقِصَصِ				
الْأَنْشِطَةُ الرِّياضِيَّةُ				

6 **اِقْرَأْ مَعَ زُمَلائِكَ النَّصَّ مَرَّةً ثانِيَةً قِراءَةً جَهْرِيَّةً.**

7 **كَلِماتٌ بَصَرِيَّةٌ أَسْتَطيعُ أَنْ أَقْرَأَها بِسُرْعَةٍ.**

كَيْفَ - دَخَلَ - مَشى - شَجَرَة - سَأَلَ - يَمْلِكُ - طائِرَة

اِقْرَأِ الْكَلِماتِ الْمَكْتوبَةَ في الْبِطاقاتِ، ثُمَّ ضَعْ كُلًّا مِنْها في جُمْلَةٍ مِنْ تَأْليفِكَ.

نَكْتُبُ

1 صَرِّفِ الْفِعْلَ "طَلَبَ" في الْماضي مَعَ الضَّمائِرِ الْآتِيَةِ:

هُوَ		هِيَ	
هُما		هُما	
هُمْ		هُنَّ	
أَنْتَ		أَنْتِ	
أَنْتُما		أَنْتُما	
أَنْتُمْ		أَنْتُنَّ	
أَنا		أَنا	
نَحْنُ		نَحْنُ	

2 اِسْتَخْرِجْ مِنَ النَّصِّ الْفِعْلَ الْماضِيَ الَّذي يُناسِبُ كُلَّ ضَميرٍ مِنَ الضَّمائِرِ الْآتِيَةِ:

	الضَّميرُ	الْفِعْلُ الْماضي
.1	هُوَ	
.2	هِيَ	
.3	أَنا	
.4	أَنْتُمْ	

3 ضَعْ /ة/ أَوْ /ـة/ مَكانَ الْفَراغِ.

1. وَرْدَ ________

2. وَجْبَ ________ طَعامٍ

3. دَجاجَ ________

4. اِبْتِسامَ ________

5. ساعَ ________

6. فَتا ________

4 حَضِّرْ ضِمْنَ مَجْموعَتِكَ أَسْئِلَةَ اسْتِبْيانٍ لِسِلْعَةٍ تَخْتارونَها، لِيَمْلَأَها باقي الزُّمَلاءِ.

	السِّلْعَةُ	لِمَ تَسْتَخْدِمُها؟	كَيْفَ عَرَفْتَ عَنْها؟	______	______
.1					
.2					
.3					
.4					

5 مَشْروعُ الْوَحْدَةِ

مَسْرَحِيَّةٌ أَبْطالُها حَيَواناتُ الْغابَةِ، تُعَبِّرُ فيها عَنِ اسْتِيائِها مِمّا تَشْهَدُهُ الطَّبيعَةُ مِنْ تَشَوُّهٍ عَلى يَدِ الْإِنْسانِ.

الْمَرْحَلَةُ الْأولى:

دَوِّنوا أَفْكارَكُمْ ضِمْنَ مَجْموعاتِكُمْ، مُسْتَخْدِمينَ مُخَطَّطَ الْعَصْفِ الذِّهْنِيِّ الْآتِيَ:

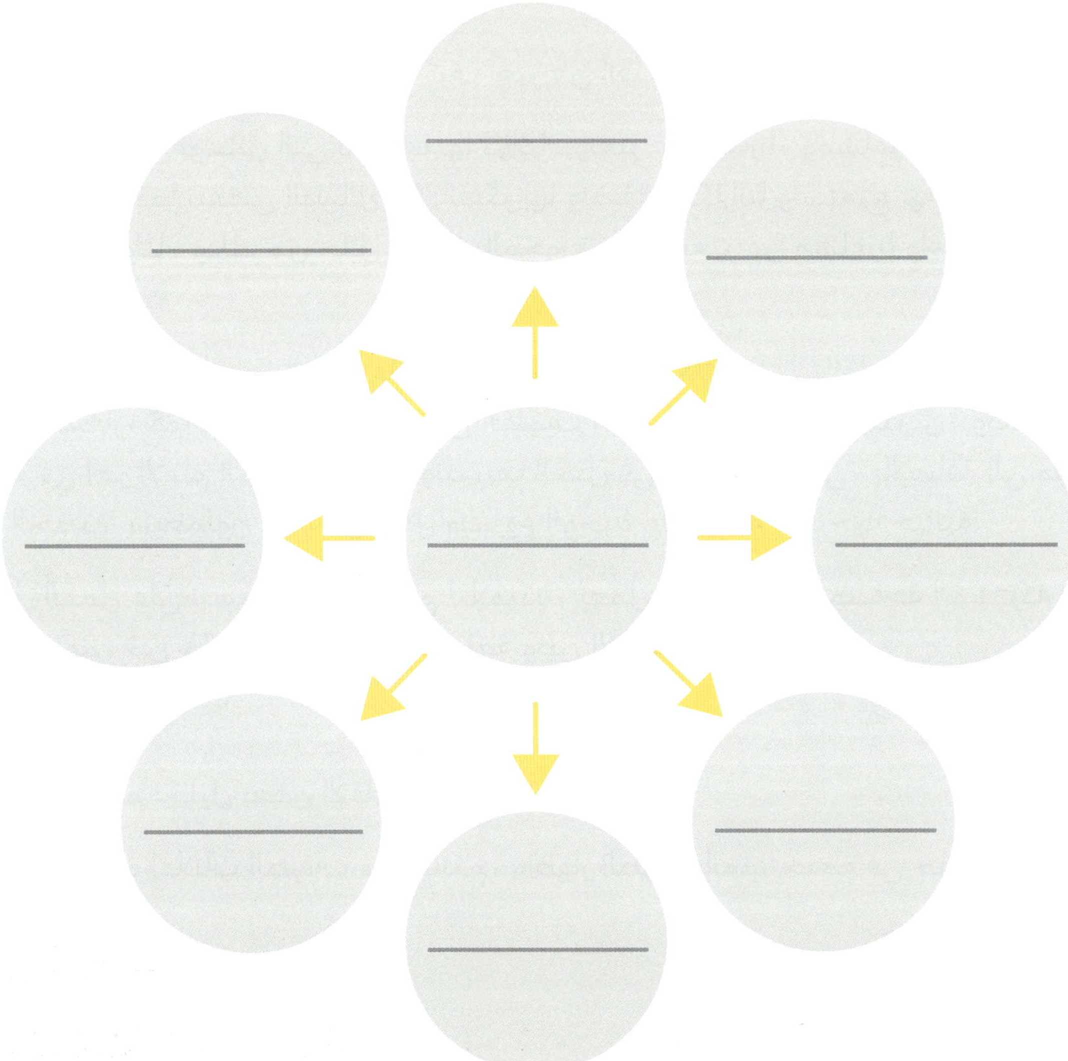

ثَقافَةٌ

تُسْتَخْدَمُ في الْإِعْلاناتِ الْأَلْوانُ الْمُخْتَلِفَةُ لِإِقْناعِ الزَّبائِنِ بِالْمُنْتَجاتِ.

وَقْتٌ أَقْضيهِ مَعَ أَهْلي بِاللُّغَةِ الْعَرَبِيَّةِ

أعزّائي أولياء الأمور،

سنبدأ هذا الأسبوع الحديث عن الوحدة "كيف نعبّر عن أنفسنا؟".

تتقصّى هذه الوحدة الوسائل الّتي نكتشف بها ذواتنا، ونعبّر عن أفكارنا، ومشاعرنا، وطبيعتنا وثقافاتنا وعقائدنا وقيَمنا، كما تتقصّى الوسائل الّتي نتفكّر بها ونصقل ابتكاراتنا ونستمتع بها، وبها نقدّر كلّ ما هو جميل من حولنا، وذلك من خلال السؤال المحوريّ: كيف نعبّر عن مشاعرنا وأفكارنا من خلال الكتابة؟

سيعمل أبناؤكم خلال الدّرس الأوّل، على تحديد إيجابيّات الإعلانات وسلبيّاتها وتأثيرها على مجتمعاتنا ولا سيّما الصّغار، كما سيتابعون التدرّب على الكلمات البصريّة المحدّدة في الدرس، وكتابة التاء المربوطة في آخر الاسم المفرد المؤنّث، وتصريف الفعل في صيغة الماضي، بالإضافة إلى مفردات الدرس الجديدة. سيعملون أيضًا من خلال مشروع الوحدة على كتابة مسرحيّة خياليّة.

من خلال العمل على تبسيط هذا المفهوم لتلاميذنا، نعمل على توسيع المساحة المشتركة بينهم برغم اختلافهم، من خلال التركيز على تعلّم لغة وطن الإقامة.

نشجّعكم على:

1. مشاركة أبنائكم تحليل بعض الإعلانات التلفزيونيّة.
2. مناقشة وقراءة إعلانات الطرقات مع أبنائكم، وإظهار الطريقة المستخدمة في جذب الأطفال.

تَقْييمٌ

Me and my parents!

Dear Parents,

The topic of this unit is "How We Express Ourselves", We will explore our orientation in place and time by looking at personal stories from the discoveries, explorations and migrations of humankind. We will examine how individuals and civilizations are interconnected from both a local and global perspective. We will also address the idea of how we express our feelings, ideas, and beliefs through writing.

In Lesson 1, we focus on identifying the pros and cons of advertising and the impact it has on our communities, especially on young people. As well as new vocabulary and sight words. Your child will learn how to conjugate verbs in the past form. He / she will also work through the unit project to write a fictional play.

In this up-to-date method of teaching Arabic, we focus on the common ground students share and promote tolerance of diversity.

We invite you to follow your child's classroom activities and work with him / her at home. Listen to his / her enthusiasm and use the suggestions we offer in this section of the book to help him / her enjoy the process of learning Arabic.

Our suggestions:

1. Have a discussion with your child about some of the publicity campaigns that are currently seen on television.
2. Point out different billboards on the roads and talk about how advertisements like these influence children.

Assessment

بِالْخَيالِ

كَيْفَ نُنَمّي خَيالَنا؟

الْمُفْرَداتُ

1. تَوازُن
2. التَّصْويب
3. سَدَّدَ
4. رَشيق

نَحْكي وَنَسْتَمِعُ

1 أُنْظُرْ إِلى صورَةِ الدَّرْسِ، وَأَخْبِرْ زَميلَكَ بِما يَحْلُمُ فارِسٌ بِرَأْيِكَ. وَأَنْتَ، قُلْ بِدَوْرِكَ بِما تَحْلُمُ.

2 لَوْ كانَ بِمَقْدورِكَ أَنْ تَتَحَوَّلَ إِلى كائِنٍ آخَرَ، فَأَيَّ الْمَخْلوقاتِ سَتَخْتارُ؟ وَلِماذا؟

اِمْلَأْ ما يَلي:

إِسْمُ الْمَخْلوقِ	
الْأَفْكارُ الرَّئيسَةِ	

وَرْشَةُ الْمُفْرَداتِ

1 **ضِمْنَ مَجْموعَتِكَ، إِخْتَرْ مِنْ بَيْنِ الْبَدائِلِ الْمَعْنى الْمُناسِبَ لِكُلٍّ مِنَ الْكَلِماتِ الْمَكْتوبَةِ بِخَطٍّ عَريضٍ.**

1. **التَّوازُنُ** أَساسُ أَلْعابِ الْجُمْباز.

أ. التَّماسُكُ

ب. السُّرْعَةُ

ج. التَّفْكيرُ

2. يُحْسِنُ هَذا الشّابُّ **تَصْويبَ** السَّهْمِ.

أ. حَمْلَ

ب. رَسْمَ

ج. تَوْجيهَ

3. **سَدَّدَ** اللّاعِبُ الْهَدَفَ.

أ. لَعِبَ

ب. أَصابَ

ج. خَسِرَ

4. هَذِهِ الرّاقِصَةُ **رَشيقَةٌ**.

أ. خَفيفَةٌ

ب. ماهِرَةٌ

ج. ذَكِيَّةٌ

2 حَدِّدِ الْعَلاقَةَ بَيْنَ الْكَلِماتِ الْمَكْتوبَةِ بِخَطٍّ عَريضٍ.

	الْعَمودُ الْأَوَّلُ	طِباقٌ	تَرادُفٌ
1.	**قَذَفَ** أَخي الْكُرَةَ، **وَالْتَقَطْتُها** بِسُرْعَةٍ.		
2.	رَكَضَ اللّاعِبُ في الْمَلْعَبِ **بِرَشاقَةٍ وَخِفَّةٍ**.		
3.	كانَ التّاجِرُ يَشْعُرُ حينًا **بِالتَّرَدُّدِ**، وَحينًا آخَرَ **بِالثِّقَةِ**.		
4.	شَعَرَ الْمُهاجِرُ **بِالْحُزْنِ وَالْإِحْباطِ** لِتَرْكِهِ وَطَنَهُ.		

3 اِعْمَلْ مَعَ مَجْموعَتِكَ عَلى مَجْموعَةِ عائِلَةِ الْكَلِمَةِ:

يُراقِبُ

____

____

____

____

نَقْرَأُ

1 **اِقْرَأِ النَّصَّ: "مُغامَراتُ تامِرٍ".**

الْكاتِبَةُ: وَفاءُ الشامِسِيّ

اِقْتَرَبَ الْمُدَرِّبُ مِنْ تامِرٍ، وَقالَ لَهُ: أَنْتَ لاعِبٌ مُمَيَّزٌ يا تامِرُ. لَمْ يَمْنَعْكَ كُرْسِيُّكَ الْمُتَحَرِّكُ مِنْ أَنْ تَلْعَبَ في فَريقِ كُرَةِ السَّلَّةِ. نَحْنُ في انْتِظارِكَ لِنَبْدَأَ التَّدْريبَ.

راحَ تامِرٌ يُراقِبُ أَصْدِقاءَهُ في الْمَلْعَبِ؛ شَعَرَ حينًا بِالتَّرَدُّدِ، وَحينًا آخَرَ بِالثِّقَةِ، فَإِذا بِعُصْفورٍ صَغيرٍ يَحُطُّ بِقُرْبِهِ مُتَسائِلًا: "أَتُحِبُّ الطَّيَرانَ مَعي؟"

قالَ تامِرٌ: "نَعَمْ!!" وَفَجْأَةً أَصْبَحَ لَهُ جَناحانِ بِأَلْوانٍ جَميلَةٍ. طارَ تامِرٌ بِحُرِّيَّةٍ طولَ النَّهارِ، ثُمَّ تَوَجَّهَ مَعَ الْعُصْفورِ إِلى الْعُشِّ.

لَكِنَّ الْعُشَّ لَمْ يَكُنْ مُريحًا.

في الصَّباحِ حَلَّقَ تامِرٌ مَعَ الْعُصْفورِ مِنْ جَديدٍ. فَجْأَةً، لَمَحَ عُقابًا يَطيرُ بِاتِّجاهِهِما، فَأَمْسَكَ بِحَجَرٍ صَغيرٍ، وَقَذَفَهُ نَحْوَهُ لِيُبْعِدَهُ، فَأَخافَ الْحَجَرُ الْعُقابَ وَأَفْقَدَهُ تَوازُنَهُ، وَطارَ مُبْتَعِدًا.

قالَ الْعُصْفورُ: أَنْتَ ماهِرٌ في التَّصْويبِ!

تَذَكَّرَ تامِرٌ أَصْدِقاءَهُ وَهُمْ يَقولونَ لَهُ ذَلِكَ كُلَّما سَدَّدَ الْكُرَةَ نَحْوَ السَّلَّةِ، فَتَناوَلَ حَجَرًا آخَرَ وَرَماهُ بِمَهارَةٍ عَلى سَطْحِ الْماءِ، فَأَطَلَّتْ إِحْدى السَّمَكاتِ بِرَأْسِها، وَقالَتْ لَهُ: "لِمَ لا تَكونُ سَمَكَةً مِثْلَنا؟".

رَحَّبَ تامِرٌ بِالْفِكْرَةِ، فَوَدَّعَ صَديقَهُ الْعُصْفورَ وَقَفَزَ في الْماءِ.

قالَتْ سَمَكَةٌ: "حانَ وَقْتُ الطَّعامِ".

بَدَأَتِ الْأَسْماكُ بِالْبَحْثِ عَنِ الْقِشْرِيّاتِ؛ وَقَفَ تامِرٌ حَزينًا؛ فَهُوَ لا يَأْكُلُ الْقِشْرِيّاتِ.

وَفي أَثْناءِ ذَلِكَ، لَمَحَ سَمَكَةً صَغيرَةً تُحاوِلُ جَمْعَ الْقِشْرِيّاتِ لَكِنَّها لَمْ تَسْتَطِعْ ذَلِكَ.

تَدَخَّلَ تامِرٌ، وَبِحَرَكَةٍ سَريعَةٍ مِنْهُ، اسْتَطاعَ جَمْعَ قِشْرِيّاتٍ كَثيرَةٍ لِلسَّمَكَةِ، وَقَدَّمَها لَها.

فَشَكَرَتْهُ قائِلَةً: "أَنْتَ رَشيقٌ وَسَريعٌ!".

تَذَكَّرَ تامِرٌ مُدَرِّبَهُ الَّذي كانَ يَمْتَدِحُ قُدْرَتَهُ عَلى الْمُناوَرَةِ في لَعِبِ كُرَةِ السَّلَّةِ.

لَقَدْ جَعَلَتْهُ هاتانِ الْمُغامَرَتانِ يَتَأَكَّدُ مِنْ أَنَّهُ يَمْتَلِكُ مَهاراتٍ.

عادَ تامِرٌ، وَإِذا بِأَصْدِقائِهِ يَبْحَثونَ عَنْهُ، وَما إِنْ رَأَوْهُ حَتّى سَأَلوهُ: "أَيْنَ اخْتَفَيْتَ؟".

فَقالَ لَهُمْ: "كُنْتُ أَتَمَرَّنُ في مَكانٍ آخَرَ".

قالَ لَهُ الْمُدَرِّبُ: "مَكانُكَ هُنا في هَذا الْفَريقِ. حَضِّرْ نَفْسَكَ لِتَكونَ بَطَلَ الْمُباراةِ".

2 ظَلِّلِ الْكَلِماتِ الْجَديدَةَ في النَّصِّ، ثُمَّ ابْحَثْ عَنْ مَعْنى كُلٍّ مِنْها، وَدَوِّنْها في دَفْتَرِكَ.

3 **فَكِّرْ وَتَفَكَّرْ**

1. لِمَ كانَ تامِرٌ قَلِقًا في بِدايَةِ الْقِصَّةِ؟
2. ماذا فَعَلَ تامِرٌ عِنْدَما رَأى الْعُقابَ مُنْقَضًّا عَلَيْهِ وَعَلى الْعُصْفورِ؟
3. ماذا اسْتَنْتَجَ تامِرٌ عِنْدَما تَحَوَّلَ إِلى عُصْفورٍ؟
4. كَيْفَ تَصَرَّفَ تامِرٌ عِنْدَما لَمَحَ سَمَكَةً صَغيرَةً تُحاوِلُ الْإِمْساكَ بِالْقِشْرِيّاتِ؟
5. ماذا تَذَكَّرَ تامِرٌ عِنْدَما تَحَوَّلَ إِلى سَمَكَةٍ؟
6. أُذْكُرْ دَوْرَ الْخَيالِ في هَذِهِ الْقِصَّةِ.

4 **ضِمْنَ مَجْموعَتِكَ، صَنِّفِ الْجُمَلَ الْآتِيَةَ في الْخانَةِ الْمُناسِبَةِ.**

الْجُمْلَةُ	حَقيقَةٌ	خَيالٌ
راحَ تامِرٌ يُراقِبُ أَصْدِقاءَهُ في الْمَلْعَبِ.		
طارَ تامِرٌ بِحُرِّيَّةٍ طولَ النَّهارِ.		
أَمْسَكَ بِحَجَرٍ صَغيرٍ، وَقَذَفَهُ نَحْوَهُ لِيُبْعِدَهُ.		
تَدَخَّلَ تامِرٌ، وَبِحَرَكَةٍ سَريعَةٍ مِنْهُ اسْتَطاعَ جَمْعَ قِشْرِيّاتٍ كَثيرَةٍ.		
قالَ لَهُ الْمُدَرِّبُ: "مَكانُكَ هُنا في هَذا الْفَريقِ".		

5 **اِقْرَأْ مَعَ زُمَلائِكَ النَّصَّ مَرَّةً ثانِيَةً قِراءَةً جَهْرِيَّةً.**

6 **كَلِماتٌ بَصَرِيَّةٌ أَسْتَطيعُ أَنْ أَقْرَأَها بِسُرْعَةٍ.**

لَهُ - أَيْنَ - أَيّ - لَها - بَعْدَ - أَحْضَرَ - عَجَلاتٌ

اِقْرَأِ الْكَلِماتِ الْمَكْتوبَةَ في الْبِطاقاتِ، ثُمَّ صَنِّفْها بِحَسَبِ التَّسَلْسُلِ الْأَبْجَدِيِّ.

نَكْتُبُ

1 **صَرِّفِ الْفِعْلَ "حَلَّقَ" في الْماضي مَعَ الضَّمائِرِ الْآتِيَةِ:**

الضمير		الضمير	
هُوَ		هِيَ	
هُما		هُما	
هُمْ		هُنَّ	
أَنْتَ		أَنْتِ	
أَنْتُما		أَنْتُما	
أَنْتُمْ		أَنْتُنَّ	
أَنا		أَنا	
نَحْنُ		نَحْنُ	

2 **اِسْتَخْرِجْ مِنَ الْجُمَلِ الْآتِيَةِ الْفِعْلَ وَالْفاعِلَ واكْتُبْهُما في الْخانَةِ الْمُناسِبَةِ.**

الْجُمْلَةُ	الْفِعْلُ	الْفاعِلُ
اِقْتَرَبَ الْمُدَرِّبُ مِنْ تامِرٍ.		
طارَ تامِرٌ بِحُرِّيَّةٍ طولَ النَّهارِ.		
أَخافَ الْحَجَرُ الْعُقابَ.		
قالَتْ سَمَكَةٌ: "حانَ وَقْتُ الطَّعامِ".		
قالَ لَهُ الْمُدَرِّبُ: "مَكانُكَ هُنا في هَذا الْفَريقِ".		

3 ضَعِ الْفاعِلَ الْمُناسِبَ بِحَسَبِ ما تُشاهِدُ في كُلِّ صورَةٍ.

1. في الصَّباحِ، أَشْرَقَتِ ______

2. يَعْمَلُ ______ بِنَشاطٍ.

3. يُلاعِبُ ______ الْهِرَّةَ.

4. تُعْطينا ______ الْحَليبَ.

5. تُحَلِّقُ ______ عالِيًا.

6. فازَ ______ بِالْميدالِيَّةِ الذَّهَبِيَّةِ.

4 صَمِّمْ مَنْشورًا تُرَوِّجُ مِنْ خِلالِهِ لِلْمَسْرَحِيَّةِ الَّتي تَكْتُبُها في هَذِهِ الْوَحْدَةِ.

5 مَشْروعُ الْوَحْدَةِ

مَسْرَحِيَّةٌ أَبْطالُها حَيَواناتُ الْغابَةِ، الَّتي تُعَبِّرُ عَنِ اسْتِيائِها مِمّا تَشْهَدُهُ الطَّبيعَةُ مِنْ تَشَوُّهٍ عَلى يَدِ الإِنْسانِ.

الْمَرْحَلَةُ الثّانِيَةُ:

أ. نَظِّمْ أَفْكارَكَ ضِمْنَ مَجْموعَتِكَ وَاسْتَخْدِمْ مُخَطَّطَ تَنْظيمِ الْأَفْكارِ أَدْناهُ لِمُساعَدَتِكَ:

الْمُقَدِّمَةُ	
الْعُنْوانُ	الزَّمانُ: الْمَكانُ: الشَّخْصِيّاتُ:
تَفاصيلُ مُهِمَّةٌ	حِوارٌ
تَفاصيلُ مُهِمَّةٌ	حِوارٌ
تَفاصيلُ مُهِمَّةٌ	حِوارٌ
الْخاتِمَةُ	

ب. تَأَكَّدْ مِنْ عَمَلِكَ مِنْ خِلالِ شَبَكَةِ التَّقْييمِ الْآتِيَةِ:

أُراجِعُ عَمَلي: تَنْظيمُ الْأَفْكارِ.			
صَنَّفْتُ الْأَفْكارَ في الْمُقَدِّمَةِ لِأَعْرِضَ عَناصِرَ الْقِصَّةِ كافَّةً.			
تَأَكَّدْتُ مِنْ وُضوحِ الْحِوارِ.			
تَأَكَّدْتُ مِنْ وُضوحِ الْوَضْعِ النِّهائِيِّ لِلْمَسْرَحِيَّةِ.			
تَأَكَّدْتُ مِنْ وُضوحِ الْفِكْرَةِ الرَّئيسَةِ.			
تَأَكَّدْتُ مِنْ صِحَّةِ أَفْكاري.			
راعَيْتُ عَناصِرَ الْجِنْسِ الْأَدَبِيِّ الَّذي كَتَبْتُهُ.			
أَضَفْتُ تَفاصيلَ مُهِمَّةً وَمُشَوِّقَةً تَجْذِبُ الْمُشاهِدَ.			

ثَقافَةٌ

الْحَكَواتِيُّ أَوِ الرّاوي عادَةٌ شَعْبِيَّةٌ سَبَقَتِ التِّلْفازَ.

وَقْتٌ أَقْضيهِ مَعَ أَهْلي بِاللُّغَةِ الْعَرَبِيَّةِ

أعزّائي أولياء الأمور،

خلال الدّرس الثّاني من هذه الوحدة "كيف نعبّر عن أنفسنا؟" سيتعرّف أبناؤكم أهمّيّة الخيال في التّعبير، كما سيتابعون التدرّب على الكلمات البصريّة المحدّدة في الدرس، تحديد الفاعل، تصريف الفعل بصيغة الماضي، بالإضافة إلى مفردات الدرس الجديدة.

نشجّعكم على:

1. تحفيز أبنائكم على قراءة كتاب بهدف المتعة، أو البحث عن معلومات، أو مقولة.
2. الاستمتاع مع أبنائكم بمشاهدة مغامرة من مغامرات السندباد البحريّ، والاستماع لآرائهم في أثر الخيال الّذي تتضمّنه المغامرة في تحقيق التشويق والإثارة فيها.
3. التحدّث مع أبنائكم عن أهمّيّة الخيال في التعبير عن المشاعر.

تَقْييمٌ

Me and my parents!

Dear Parents,

The topic of this unit is "How We Express Ourselves", In Lesson 2, we focus on the importance of imagination in self-expression. Your child will learn new sight words along with new vocabulary. He / she will also continue on learning how to use the past tense and how to find the subject in sentences.

Our suggestions:

1. Motivate your child to read for the purpose of enjoyment and / or learning new information.
2. Encourage your child to watch The Adventures of Sinbad, and encourage him / her to explain how a person's imagination can influence the thrill and adventure of the movies.
3. Talk to your child about the importance of the imagination in expressing ourselves.

Assessment

سَمَرُ تَبْحَثُ عَنْ قُدْوَةٍ

الْكاتِبَةُ: وَفاء الشّامِسِيّ - الرَّسّامَةُ: لَيال خَليل

كانَتْ سَمَرُ في الْمَكْتَبَةِ الْقَريبَةِ مِنْ مَنْزِلِها تَبْحَثُ عَنْ إجابَةٍ لِسُؤالِ والِدَتِها: مَنْ قُدْوَتُكِ في الْحَياةِ يا سَمَرُ؟

كانَتْ سَمَرُ تَرى أَنَّ والِدَيْها هُما قُدْوَتُها. أَخْبَرَتْها والِدَتُها، أَنَّها يَجِبُ أَنْ تَبْحَثَ عَنْ أَشْخاصٍ غَيَّروا الْعالَمَ وَأَثَّروا إيجابِيًّا في حَياةِ الْآخَرينَ.

أَمْسَكَتْ سَمَرُ بِخَمْسِ بِطاقاتٍ:

كانَتِ الْبِطاقَةُ الْأولى لِبيل غِيتس، الَّذي أَسَّسَ واحِدَةً مِنْ كُبْرَياتِ شَرِكاتِ الْبَرْمَجِيّاتِ في الْعالَمِ؛ لِأَنَّهُ كانَ يُحِبُّ عُلومَ الْحاسِبِ الْآلِيِّ. أَسَّسَ مَعَ زَوْجَتِهِ مُؤَسَّسَةَ بيل وَمِليندا غِيتس الْخَيْرِيَّةَ؛ فَهُوَ يُحِبُّ مُساعَدَةَ النّاسِ في مُخْتَلِفِ دُوَلِ الْعالَمِ.

كانَتِ الْبِطاقَةُ الثّانِيَةُ لِفاروق الْباز، وَهُوَ عالِمٌ مِصْرِيٌّ، عَمِلَ في وِكالَةِ ناسا لِعُلومِ الْفَضاءِ، كانَ رَئيسَ مَجْموعَةِ تَدْريبِ رُوّادِ الْفَضاءِ، وَحازَ جائِزَةَ الْإِنْجازِ لِأَبولو التّابِعَةَ لِناسا.

أَمّا الْبِطاقَةُ الثّالِثَةُ فَقَدْ كانَتْ عَنْ أَحْمَد زويل، وَهُوَ كيمْيائِيٌّ مِصْرِيُّ الْأَصْلِ، فازَ بِجائِزَةِ نوبِل لِلْكيمْياءِ. وَأَسَّسَ مَدينَةَ زويل لِلْعُلومِ وَالتِّكنولوجْيا في الْقاهِرَةِ، كَيْ يُسْهِمَ في تَوْفيرِ مَكانٍ لِلطَّلَبَةِ مُتَخَصِّصٍ في مَجالَيِ الْعُلومِ وَالتِّكنولوجْيا.

وَكانتِ الْبِطاقَةُ الرّابِعَةُ عَنْ هيلين كيلِر، الْأَميرِكِيَّةِ الَّتي فَقَدَتْ سَمْعَها وَبَصَرَها وَهِيَ لَمْ تَتَجاوَزْ عامَها الثّانِيَ، وَمَعَ ذَلِكَ أَصْبَحَتْ لاحِقًا أَديبَةً مَشْهورَةً.

أَمْسَكَتْ سَمَرُ بِالْبِطاقَةِ الْخامِسَةِ، وَكانَتْ عَنْ سَميرَة موسى، وَهِيَ عالِمَةٌ مِصْرِيَّةٌ اشْتَهَرَتْ بِأَبْحاثِها في مَجالِ الذَّرَّةِ لِخِدْمَةِ الطِّبِّ.

حينَ عادَتْ سَمَرُ إلى الْبَيْتِ سَأَلَتْها والِدَتُها: مَنْ قُدْوَتُكِ؟!

قالَتْ سَمَرُ: جَميعُهُمُ اجْتَهَدوا في دِراسَتِهِمْ وَأَصْبَحوا ناجِحينَ. سَأَخْتارُ مِنْ كُلِّ واحِدٍ مِنْهُمُ الشَّيْءَ الَّذي أُريدُهُ في شَخْصِيَّتي.

صَفَّقَتِ الْأُمُّ وَقالَتْ: كَمْ أَنْتِ ذَكِيَّةٌ يا سَمَرُ!

الْمَصادِرُ:

سيرَةُ بيل غايتس، فاروق الْباز، أَحْمَد زَويل - الْمَوْقِع arageek.com

سيرَةُ هيلين كيلر- مَوْقِعُ مَوضوع

سيرَةُ سَميرَة موسى - مَوْقِعُ الْعَيْن الإِخْبارِيَّة.

الْوَحْدَةُ 3

الدَّرْسُ 3

بِالسَّرْدِ

الْمُفْرَداتُ

1. حازَ
2. يُسْهِمُ
3. تَوْفيرٌ
4. قُدْوَةٌ

كَيْفَ نَخْتارُ قُدْوَتَنا؟

نَحْكي وَنَسْتَمِعُ

1 أُنْظُرْ إِلى هَيا في صورَةِ الدَّرْسِ كَيْفَ تَنْظُرُ إِلى أُمِّها، وَأَخْبِرْ زَميلَكَ كَيْفَ تَنْظُرُ أَنْتَ إِلى أُمِّكَ وَأَبيكَ.

2 اِسْتَمِعْ إِلى ما سَجَّلَهُ زَميلُكَ خِلالَ الدَّرْسِ الْماضي، وَأَخْبِرْ باقِيَ الزُّمَلاءِ عَنْهُ.

3 تَنَقَّلْ في الصَّفِّ وَاخْتَرْ خَمْسَةَ زُمَلاءَ تَطْرَحُ عَلَيْهِمُ السُّؤالَ الْآتِيَ:
ماذا تُغَيِّرُ في الْعالَمِ لِتَجْعَلَهُ مَكانًا أَفْضَلَ؟

وَرْشَةُ الْمُفْرَداتِ

1 **جِدْ جَذْرَ الْكَلِماتِ الْآتِيَةِ، ثُمَّ ابْحَثْ عَنْ مَعانيها وَاكْتُبْها في الْجَدْوَلِ التّالي:**

	الْكَلِمَةُ	الْجَذْرُ	الْمَعْنى
.1	قُدْوَةٌ		
.2	عُلومٌ		
.3	تَوْفيرٌ		

2 **ضِمْنَ مَجْموعَتِكَ، اخْتَرْ مِنْ بَيْنِ الْبَدائِلِ الْمَعْنى الْمُناسِبَ لِكُلٍّ مِنَ الْكَلِماتِ الْمَكْتوبَةِ بِخَطٍّ عَريضٍ.**

1. **حازَتْ** أُخْتي شَهادَةَ تَقْديرٍ مِنْ مُديرِها.

أ. شُكِرَتْ ب. حَصَلَتْ ج. سُئِلَتْ

2. **يُسْهِمُ** هَذا الرِّياضِيُّ بِرَفْعِ اسْمِ بِلادِهِ.

أ. يُساعِدُ ب. يُحِبُّ ج. يَتَمَنّى

3. يَعْمَلُ الْأَهْلُ عَلى **تَوْفيرِ** كُلِّ احْتِياجاتِ أَوْلادِهِمْ.

أ. دَرْسِ ب. كِتابَةِ ج. تَأْمينِ

4. يَعْتَبِرُ رَيّانُ والِدَهُ **قُدْوَةً لَهُ**.

أ. مُغَنِّيًا ب. فَنّانًا ج. مِثالاً

3

اِعْمَلْ ضِمْنَ مَجْموعَتِكَ عَلى خَريطَةِ الْكَلِماتِ الْآتِيَةِ:

الْمُفْرَدَةُ	الْمُرادِفُ	الضِّدُّ
إِجابَةٌ		
تَبْحَثُ		
تَتَجاوَزُ		
عادَتْ		

نَقْرَأُ

1 **اِقْرَأِ النَّصَّ: "سَمَرُ تَبْحَثُ عَنْ قُدْوَةٍ".**

الْكاتِبَةُ: وَفاء الشّامِسِيّ، الرَّسّامَةُ: لَيال خَليل

2 **ظَلِّلِ الْكَلِماتِ الْجَديدَةَ في النَّصِّ، ثُمَّ ابْحَثْ عَنْ مَعْنى كُلٍّ مِنْها، وَدَوِّنْها في دَفْتَرِكَ.**

3 **فَكِّرْ وَتَفَكَّرْ**

1. ما السُّؤالُ الَّذي كانَتْ سَمَرُ تَبْحَثُ عَنْ إِجابَةٍ لَهُ؟
2. لِماذا في رَأْيِكَ طَلَبَتْ والِدَةُ سَمَرَ مِنِ ابْنَتِها أَنْ تَبْحَثَ عَنْ أَشْخاصٍ غَيْرِ أَهْلِها؟
3. اِسْتَنْتِجْ صِفاتِ بيل غيتس مِنَ النَّصِّ؟
4. لِمَ أَسَّسَ أَحْمَد زَويل مَدينَةَ زَويل لِلْعُلومِ والتِّكْنولوجْيا؟
5. مَنِ اخْتارَتْ سَمَرُ في النِّهايَةِ؟
6. لَوْ كُنْتَ مَكانَ سَمَرَ فَكَيْفَ تَخْتارُ قُدْوَتَكَ؟

4 **اِقْرَأْ مَعَ زُمَلائِكَ النَّصَّ مَرَّةً ثانِيَةً قِراءَةً جَهْرِيَّةً.**

5 **كَلِماتٌ بَصَرِيَّةٌ أَسْتَطيعُ أَنْ أَقْرَأَها بِسُرْعَةٍ.**

شُكْرًا - كِتاب - يَعيش - شَرِبَ - فَتَحَ - اِنْتَهى- طائِر

اِقْرَأِ الْكَلِماتِ الْمَكْتوبَةَ في الْبِطاقاتِ، ثُمَّ ضَعْ كُلًّا مِنْها في جُمْلَةٍ مِنْ تَأْليفِكَ.

نَكْتُبُ

1 أُكْتُبْ ما تَوَدُّ مُشارَكَتَهُ الْيَوْمَ في دَفْتَرِ يَوْمِيّاتِكَ.

2 صَرِّفِ الْفِعْلَ "بَحَثَ" في الْمُضارِعِ مَعَ الضَّمائِرِ الْآتِيَةِ:

هُوَ		هِيَ	
هُما		هُما	
هُمْ		هُنَّ	
أَنْتَ		أَنْتِ	
أَنْتُما		أَنْتُما	
أَنْتُمْ		أَنْتُنَّ	
أَنا		أَنا	
نَحْنُ		نَحْنُ	

3 أُنْظُرْ إِلى الصّورَةِ وَاكْتُبْ جُمْلَةً مِنْ فِعْلٍ وَفاعِلٍ تُمَثِّلُها، ثُمَّ ضَعْ دائِرَةً حَوْلَ الْفاعِلِ.

.1 ____________________

.2 ____________________

.3 ____________________

.4 ____________________

.5 ____________________

.6 ____________________

4 **ضَعْ دائِرَةً حَوْلَ الطِّباقِ في ما يَلي:**

1. يُطِلُّ بَيْتُنا عَلى شارِعٍ واسِعٍ وآخَرَ ضَيِّقٍ.
2. زارَنا رَجُلانِ أَحَدُهُما طَويلُ الْقامَةِ وَالْآخَرُ قَصيرُ الْقامَةِ.
3. يَنامُ التِّلْميذُ باكِرًا لِيَسْتَيْقِظَ صَباحًا بِنَشاطٍ.

5 **أُكْتُبْ ما يُمْليهِ عَلَيْكَ الْمُعَلِّمُ.**

____

____

____

____

6 مَشْروعُ الْوَحْدَةِ

مَسْرَحِيَّةٌ أَبْطالُها حَيَواناتُ الْغابَةِ، تُعَبِّرُ عَنِ اسْتِيائِها لِما تَشْهَدُهُ الطَّبيعَةُ مِنْ تَشَوُّهٍ عَلى يَدِ الْإِنْسانِ.

الْمَرْحَلَةُ الثّالِثَةُ:

أ. طَوِّرْ أَفْكارَكَ ضِمْنَ مَجْموعَتِكَ، مِنْ خِلالِ إِضافَةِ مُفْرَداتٍ دَقيقَةٍ وَغَنِيَّةٍ تَجْعَلُ ما تَكْتُبونَهُ أَفْضَلَ.

	مِنْ مُخَطَّطِ تَنْظيمِ الْأَفْكارِ	إِضافَةُ الْمُفْرَداتِ
الْعُنْوانُ		
الْمُقَدِّمَةُ		
الْحِوارُ		
الْحِوارُ		
الْحِوارُ		
النِّهايَةُ		

ب. أُكْتُبِ الْمُسَوَّدَةَ الْأُولى في دَفْتَرِ الْكِتابَةِ، ثُمَّ نَقِّحْها مَعَ مَجْموعَتِكَ.

ج. تَأَكَّدْ مِنْ عَمَلِكَ مِنْ خِلالِ شَبَكَةِ التَّقْييمِ الْآتِيَةِ:

أُراجِعُ عَمَلي وَعَمَلَ زَميلي: إِضافَةُ الْمُفْرَداتِ			
اِخْتَرْتُ مُفْرَداتٍ بَليغَةً فيها لَوْنٌ وَصَوْتٌ وَرائِحَةٌ.			
اِخْتَرْتُ مُفْرَداتٍ مُخْتَلِفَةً مِنَ الْمُعْجَمِ الَّذي أَعْرِفُهُ.			
اِسْتَخْدَمْتُ مُفْرَداتٍ تَخْدِمُ الْجِنْسَ الْأَدَبِيَّ.			

ثَقافَةٌ

حَقائِقُ سَريعَةٌ عَنْ بيل غيتس.

وَقْتٌ أَقْضيهِ مَعَ أَهْلي بِاللُّغَةِ الْعَرَبِيَّةِ

أعزّائي أولياء الأمور،

خلال الدّرس الثّالث من هذه الوحدة "كيف نعبّر عن أنفسنا؟" سيتعرّف أبناؤكم كيفيّة اختيار القدوة في حياتنا، كما سيتعرّفون إلى بعض المشاهير الذين يشكّلون قدوة للكثيرين.

سيتعرّفون أيضًا مفردات الدرس الجديدة، والكلمات البصريّة، وكذلك كتابة التّاء المربوطة، وتحديد الفاعل وتصريف الفعل بصيغة المضارع.

نشجّعكم على:

1. تشجيع أبنائكم على البحث عن قدوة لهم.
2. اصطحاب أبنائكم في جولة معرفيّة إلى مكتبة، ليشتروا كتب سيَرٍ ذاتيّةٍ أو غيريّةٍ لأشخاص غيّروا التّاريخ.

تَقْييمٌ

Me and my parents!

Dear Parents,

The topic of this unit is "How We Express Ourselves". In Lesson 3, we focus on the theme of appropriate role models. Your child will learn about some famous people who made a difference in the world. He/ she will also learn new vocabulary and some more sight words, along with how to use the present tense of the verb.

Our suggestions:

1. Encourage your child to find an appropriate role model.
2. Visit a library or book store and get some books about famous people who changed the world for the better.

Assessment

الْوَحْدَةُ 3

الدَّرْسُ 4

بِالْيَوْمِيّاتِ

كَيْفَ نُعَبِّرُ عَنْ مَشاعِرِنا وَأَفْكارِنا؟

الْمُفْرَداتُ

1. حَفَرَ
2. غَريبَة
3. يَعْتَقِدُ
4. إِجازَة

نَحْكي وَنَسْتَمِعُ

1 أُنْظُرْ إِلى صورَةِ الدَّرْسِ، وَاطْرَحْ عَلى زَميلِكَ سُؤالًا عَنْها.

2 اِخْتَرْ ثَلاثَ طُرُقٍ تُعَبِّرُ مِنْ خِلالِها عَنْ نَفْسِكَ، وَاشْرَحْ كَيْفَ ذَلِكَ وَمَتى؟

كَيْفَ أُعَبِّرُ عَنْ نَفْسي؟

______

______

______

3 شاهِدْ ما سَيَعْرِضُهُ عَلَيْكُمُ الْمُعَلِّمُ وَاعْرِضْهُ عَلى زُمَلائِكَ بِالطَّريقَةِ الَّتي تَخْتارُها.

وَرْشَةُ الْمُفْرَداتِ

1 **صِلْ كُلَّ شُعورٍ بِالصّورَةِ الْمُناسِبَةِ لَهُ، ثُمَّ مَثِّلِ الْمُفْرَدَةَ لِمَجْموعَتِكَ.**

1. قَلِق ○ ○ أ. 

2. سَعيد ○ ○ ب. 

3. حَزين ○ ○ ج. 

4. مُتْعَب ○ ○ د. 

2 **جِدْ مَعْنى كُلٍّ مِنَ الْكَلِماتِ الْآتِيَةِ، ثُمَّ جِدِ الْكَلِماتِ داخِلَ الشَّبَكَةِ.**

حَفَرَ - غَريبَةٌ - يَعْتَقِدُ - إجازَة.

غ	و	ب	ح	ن	ن
ر	ك	ت	ط	ف	س
ي	ع	ت	ق	د	ر
ب	ز	س	ي	م	ص
ة	إ	ج	ا	ز	ة

3 **أَكْمِلِ الْجَدْوَلَ الْآتِيَ بِالْوَزْنِ الْمُناسِبِ، ثُمَّ اخْتَرْ مِنَ الْكَلِماتِ وَوَظِّفْها في جُمَلٍ تُبَيِّنُ مَعْنى كُلٍّ مِنْها.**

فَعِلَ	سَمِعَ	________	________
فاعِلٌ	________	عالِمٌ	________
مَفْعولٌ	________	________	مَتْبوعٌ

نَقْرَأُ

1 **اِقْرَأ النَّصَّ: "حِكاياتُ ماما".**

الْكاتِبَةُ: نورَة الْخوري

الثُّلاثاءُ - خُطُواتٌ صَغيرَةٌ

الْيَوْمَ، الْيَوْمُ الْأَوَّلُ في الرَّوْضَةِ لِابْني الصَّغيرِ. لا أُصَدِّقُ أَنَّ أَرْنوبِيَ سَيَبْدَأُ الدِّراسَةَ. هَذا الطِّفْلُ الَّذي كانَ يُحاوِلُ الْإِمْساكَ بِنَمْلَةٍ لِيَضَعَها في فَمِهِ، ويَأْكُلُ الْأَزْهارَ في حَديقَةِ الْبَيْتِ. يَكْبُرُ الْأَطْفالُ بِسُرْعَةٍ. ها هُوَ يَدْخُلُ صَفَّهُ، حَامِلًا عَلى ظَهْرِهِ حَقيبَةً أَكبَرَ مِنْ جِسْمِهِ. وَضَعْتُ لَهُ مَوْزَةً في عُلْبَةِ طَعامِهِ، وَحَفَرْتُ عَلَيْها شَكْلَ قَلْبٍ.

السَّبْتُ: أَسْرارٌ

عِنْدَما كُنْتُ أُرَتِّبُ غُرْفَةَ ابْنَتي سارَةَ، رَأَيْتُ دَفْتَرًا مَفْتوحًا، وَفيهِ كِتابَةٌ بِلُغَةٍ غَريبَةٍ. سَمِعْتُ سارَةَ تُحَدِّثُ صَديقَتَها عَلى الْهاتِفِ بِلُغَةٍ غَريبَةٍ أَيْضًا. تَقولُ سارَةُ إِنَّها أَلَّفَتْ مَعَ صَديقَتِها هَذِهِ 'اللُّغَةَ' الْجَديدَةَ، لِكَيْ لا يَفْهَمَ أَسْرارَهُما أَحَدٌ!

الِاثْنَيْنُ: شايٌ وَبَسْكَويتٌ

كانَ يَوْمًا مُتْعِبًا في الْعَمَلِ. رَجَعْتُ إِلى الْبَيْتِ. جاءَني ابْني حامِدٌ بِالشّاي وَالْبَسْكَويتِ. كَمْ هُوَ لَطيفٌ هَذا الْوَلَدُ!

رَأَيْتُ أَشْياءَ صَغيرَةً تَسْبَحُ في كوبِ الشّايِّ! رُبَّما يَظُنُّ حامِدٌ أَنَّ الشّايَ الْأَخْضَرَ هُوَ أَوْراقُ السَّبانِخِ في ماءٍ مَغْلِيٍّ! يووووووووووو، نَعَمْ، إِنَّها السَّبانِخُ!

الْجُمُعَةُ: إِجازَةٌ - بِلا راحَة

الْيَوْمَ أَوَّلُ يَوْمٍ في الْإِجازَةِ. أَرَدْتُ أَنْ أَنامَ لِمُدَّةٍ أَطْوَلَ، وَلَكِنْ، أَسْمَعُ قَرْقَعَةً في الْمَطْبَخِ، وَأَشُمُّ رائِحَةَ خُبْزٍ مَحْروقٍ. هَكَذا بَدَأَتِ الْإِجازَةُ!

2 **ظَلِّلِ الْكَلِماتِ الْجَديدَةَ في النَّصِّ، ثُمَّ ابْحَثْ عَنْ مَعْنى كُلٍّ مِنْها، وَدَوِّنْها في دَفْتَرِكَ.**

3 **فَكِّرْ وَتَفَكَّرْ**

1. تَحَدَّثَتِ الْوالِدَةُ عَنِ الْيَوْمِ الْأَوَّلِ لِابْنِها في مَدْرَسَتِهِ. تَحَدَّثْ عَنْ يَوْمِكَ الْأَوَّلِ في الْمَدْرَسَةِ، ذاكِرًا انْطِباعاتِكَ.
2. "كانَ يَوْمًا مُتْعِبًا في الْعَمَلِ. رَجَعْتُ إِلى الْبَيْتِ. جاءَني ابْني حامِدٌ بِالشّاي وَالْبَسْكَويتِ". عَلامَ يَدُلُّ تَصَرُّفُ حامِدٍ؟
3. في رَأْيِكَ، هَلْ كانَتِ الْأُمُّ مَسْرورَةً بِما حَصَلَ في يَوْمِ إِجازَتِها؟ بَرِّرْ إِجابَتَكَ.
4. أَخْبِرْ بِاخْتِصارٍ كَيْفَ أَمْضَتِ الْأُمُّ ما بَقِيَ مِنْ إِجازَتِها؟
5. في رَأْيِكَ، لِمَ يَميلُ الْبَعْضُ إِلى كِتابَةِ مُذَكِّراتِهِمُ الْيَوْمِيَّةِ؟

4 **اِقْرَأْ مَعَ زُمَلائِكَ النَّصَّ مَرَّةً ثانِيَةً قِراءَةً جَهْرِيَّةً.**

5 **كَلِماتٌ بَصَرِيَّةٌ أَسْتَطيعُ أَنْ أَقْرَأَها بِسُرْعَةٍ.**

بِنْت - فَوْق - فَعَلَ - مَدْرَسَة - أُريد - حَقيبَة - هَواء

اِقْرَأِ الْكَلِماتِ الْمَكْتوبَةَ في الْبِطاقاتِ، ثُمَّ ضَعْ كُلًّا مِنْها في جُمْلَةٍ مِنْ تَأْليفِكَ.

6 إِمْلَأْ اسْتِمارَةَ الِانْتِساب إِلى نادٍ ثَقافِيٍّ.

نادي الْكِتابِ	
الِاسْمُ:	
تاريخُ الْوِلادَةِ:	
الْمَدْرَسَةُ الْمُنْتَسِبُ إِلَيْها:	
الْهِواياتُ:	
ساعاتُ الْقِراءَةِ في الْأُسْبوعِ:	
إِسْمُ كِتابِكَ الْمُفَضَّلِ:	

نَكْتُبُ

1 حَوِّلِ الْأَسْماءَ التّالِيَةَ مِنَ الْمُفْرَدِ إِلى الْمُثَنّى، مَرَّةً بِزِيادَةِ أَلِفٍ وَنونٍ مَكْسورَةٍ، وَمَرَّةً بِزِيادَةِ ياءٍ ساكِنَةٍ وَنونٍ مَكْسورَةٍ:

الِاسْمُ	+ انِ	+ يْنِ
يَوْم		
الْغُرْفَة		
الطِّفْل		

2 أُكْتُبْ ما تَوَدُّ مُشارَكَتَهُ الْيَوْمَ في دَفْتَرِ يَوْمِيّاتِكَ.

3 ضِمْنَ مَجموعَةٍ ثُنائِيَّةٍ، أَلِّفْ جُمْلَةً تَبْدَأُ بِضَميرٍ مُنْفَصِلٍ وَفِعْلٍ مُضارِعٍ مُناسِبَيْنِ لِكُلِّ صورَةٍ.

1. ________________

2. ________________

3. ________________

4. ________________

4 مَشْروعُ الْوَحْدَةِ

مَسْرَحِيَّةٌ أَبْطالُها حَيَواناتُ الْغابَةِ، الَّتي تُعَبِّرُ عَنِ اسْتِيائِها لِما تَشْهَدُهُ الطَّبيعَةُ مِنْ تَشَوُّهٍ عَلى يَدِ الْإِنْسانِ.

الْمَرْحَلَةُ الرّابِعَةُ:

أ. نَقِّحْ عَمَلَكَ ضِمْنَ مَجْموعَتِكَ، ثُمَّ مَعَ مَجْموعَةٍ أُخْرى، وَمِنْ بَعْدِها مَعَ الْمُعَلِّمِ.

ب. تَأَكَّدْ مِنْ عَمَلِكَ مِنْ خِلالِ شَبَكَةِ التَّقْييمِ الْآتِيَةِ:

أُراجِعُ عَمَلي مَعَ الْمُعَلِّمِ: السَّلامَةُ اللُّغَوِيَّةُ.			
راجَعْتُ عَمَلي لِلتَّأَكُّدِ مِنْ سَلامَةِ اللُّغَةِ فيهِ.	🙂	😐	☹️
اِسْتَخْدَمْتُ عَلاماتِ التَّرْقيمِ الْمُناسِبَةَ.	🙂	😐	☹️
اِسْتَخْدَمْتُ الرَّسْمَ الصَّحيحَ لِلْكَلِماتِ (الْإِمْلاءَ)	🙂	😐	☹️
راجَعْتُ الْقَواعِدَ، وَتَأَكَّدْتُ مِنْ صِحَّتِها.	🙂	😐	☹️
كَتَبْتُ بِخَطٍّ واضِحٍ تُمْكِنُ قِراءَتُهُ بِسُهولَةٍ.	🙂	😐	☹️

ثَقافَةٌ

هَلْ سَبَقَ لَكَ أَنْ سَمِعْتَ بِاللُّغَةِ الْهيروغْليفِيَّةِ أَوْ بِاللُّغَةِ الْمِسْمارِيَّةِ؟

وَقْتٌ أَقْضيهِ مَعَ أَهْلي بِاللُّغَةِ الْعَرَبِيَّةِ

أعزّائي أولياء الأمور،

سنكمل هذا الأسبوع الحديث عن المحور "كيف نعبّر عن أنفسنا"

سيتعرّف أبناؤكم كيفيّة التعبير عن المشاعر والانطباعات، من خلال دراسة أسلوب الكاتبة في إنتاج اليوميّات، كما سيختبرون طرقًا مختلفة للتّعبير. سيتدرّبون كذلك على المفردات، والأوزان، والمثنّى، وتصريف الفعل في صيغة المضارع، إلى جانب العمل على الكتابة والقراءة ومراجعة الكلمات البصريّة.

نشجّعكم على:

1. سؤالهم عن مشاعرهم وتشجيعهم على وصفها وذكر أسبابها.
2. تشجيعهم على كتابة يوميّاتهم على مدى أسبوع.

تَقْييمٌ

Me and my parents!

Dear Parents,

The topic of this unit is "How We Express Ourselves", In Lesson 4, we focus on how to express feelings in different ways, especially through writing diaries. Your child will learn theme-related vocabulary and some more new sight words. He / she will learn more about the use of the present tense of the verb and the duals.

Our suggestions:

1. Encourage your child to express and talk about his / her feelings.
2. Encourage your child to write a diary for one week.

Assessment

الشَّجَرَةُ الْجَميلَةُ

الْكاتِبَةُ: رانَة نَزّال - الرَّسّام: عاطِف خُضر

الشَّجَرَةُ الْجَميلَة
غُصونُها كَثيرَة
جُذورُها كَبيرَة
أَوْراقُها صَغيرَة

تُعْطينا الأَزْهار

فَتَنْمو الثِّمار

وَتَكْبُرُ الْأَشْجار

وَتَفْرَحُ الْأَطْيار

الشَّجَرَةُ الْجَميلَة

غُصونُها كَثيرَة

جُذورُها كَبيرَة

أَوْراقُها صَغيرَة

تُعْطينا الْفَرَح

وَالْحُبَّ وَالْمَرَح

وَدَوْمًا في الصَّباح

تَمْنَحُنا أَقاح

الشَّجَرَةُ الْجَميلَة

غُصونُها كَثيرَة

جُذورُها كَبيرَة

أَوْراقُها صَغيرَة

الْوَحْدَةُ 3

الدَّرْسُ 5

بِالشِّعْرِ

أَيُّهُما يُحاكيني أَكْثَرَ: الشِّعرُ أَمِ النَّثْرُ؟

الْمُفْرَداتُ

1. تَمْنَح
2. أَقاح
3. دَوْمًا

نَحْكي وَنَسْتَمِعُ

1 ضِمْنَ مَجْموعَتِكَ، ناقِشِ السُّؤالَ التّالِيَ: "أَيُّهُما يُحاكيني أَكْثَرَ: الشِّعرُ أَمِ النَّثْرُ؟".

2 أَخْبِرْ زَميلَكَ عَنْ فَنّانٍ عالَمِيٍّ تَعْتَبِرُهُ قُدْوَةً لَكَ.

وَرْشَةُ الْمُفْرَداتِ

1 اِبْحَثْ عَنْ مَعْنى كُلٍّ مِنَ الْمُفْرَداتِ الْآتِيَةِ، ثُمَّ اسْتَخْدِمْها في جُمَلٍ شَفَهِيَّةٍ.

تَمنَح - أَقاحٍ - دَوْمًا

2

أُكْتُبْ كُلَّ مُفْرَدَةٍ في مَكانِها الْمُناسِبِ عَلى الصّورَةِ.

أَوْراق - جُذور - أَغْصان - ثِمار - جِذْع - أَزْهار

3 **اِعْمَلْ مَعَ مَجْموعَتِكَ عَلى إيجادِ مَجْموعَةِ الصِّفاتِ لِلْكَلِماتِ الْآتِيَةِ.**

الثِّمار	الْأَطْيار
________	________
________	________

نَقْرَأُ

1 **اِقْرَأِ الشِّعْرَ: "الشَّجَرَةُ الْجَميلَةُ".**

الْكاتِبَةُ: رانَة نَزّال، الرَّسّامُ: عاطِف خُضر

2 **فَكِّرْ وَتَفَكَّرْ**

1. بِحَسَبِ النَّصِّ، ماذا تُعْطينا الشَّجَرَةُ؟
2. هَلْ مِنْ أَشْياءَ أُخْرى تُعْطينا إِيّاها الشَّجَرَةُ؟ أُذْكُرْ ثَلاثَةً مِنْها.
3. فَسِّرْ هَذا الْبَيْتَ: "تُعْطينا الْفَرَحَ وَالْحُبَّ وَالْمَرَحَ"
4. عَدِّدْ بَعْضَ أَنْواعِ الثِّمارِ الَّتي تَنْمو عَلى الشَّجَرَةِ.
5. أُذْكُرْ حَيَواناتٍ تَتَّخِذُ مِنَ الشَّجَرَةِ مَسْكَنًا لَها.

3 أُكْتُبْ مَراحِلَ نُمُوِّ الشَّجَرَةِ في الْمُخَطَّطِ التّالي:

أ. نَبْتَةٌ ب. شَجَرَةٌ ج. جُذورٌ د. بَذْرَةٌ هـ. شَتْلَةٌ

1. ________ ← 2. ________ ← 3. ________

4. ________ ← 5. ________

4 لَحِّنِ الْقَصيدَةَ مَعَ مَجْموعَةٍ مِنَ الزُّمَلاءِ وَأَنْشِدْها.

5 كَلِماتٌ بَصَرِيَّةٌ أَسْتَطيعُ أَنْ أَقْرَأَها بِسُرْعَةٍ.

ذهَبَ - شَمْس - أُمّي - أَبي - إِذا - امْتَلَأَ

ضِمْنَ مَجْموعَتِكَ، اِقْرَأْ كَلِماتِ الْوَحْدَةِ الْمَكْتوبَةَ في الْبِطاقاتِ.

نَكْتُبُ

1 **اِسْتَخْرِجْ مِنَ الْقَصيدَةِ ما يُبَيِّنُ الْأَساليبَ التّالِيَةَ، ثُمَّ أَلِّف جُمْلَةً تَحْتَوي كُلٌّ مِنْها عَلى الْآتي:**

	التَّضادُّ	التَّرادُفُ	السَّجْعُ
مِنَ الْقَصيدَةِ			

جُمَلُ التِّلْميذِ:

التَّضادُّ: ______

التَّرادُفُ: ______

السَّجْعُ: ______

2 اِرْمِ بِطاقَتَكَ في السَّلَّةِ الْمُناسِبَةِ.

سَلَّةٌ	شَجَرَتانِ	فَلّاحٌ	جَميلَتَيْنِ	مَدْرَسَتانِ
ثَمَرَةٌ	جِذْعٌ	صَغيرَتَيْنِ	كَبيرَتانِ	تِلْميذَةٌ

3 حَوِّلِ الْكَلِماتِ الْمَكْتوبَةَ بِخَطٍّ عَريضٍ إلى الْمُثَنّى.

1. أَعْجَبَني لِباسُ **الْوَلَدِ الصَّغيرِ**.

مُثَنًّى: ______________

2. تُتابِعُ الْمُشاهِدَةُ بِاهْتِمامٍ **فيلْمًا مُصَوَّرًا**.

مُثَنًّى: ______________

3. سَجَّلَ **اللّاعِبُ هَدَفًا** في مَرْمى الْخَصْمِ.

مُثَنًّى: ______________

4 اِتَّبِعِ الْمَثَلَ:

هَذا كِتابُ أَخي.

هَذا كِتابُهُ.

.1	هَذِهِ دارُ جارِنا.	______________
.2	هَذِهِ دَرّاجَةُ مازِنٍ.	______________
.3	هَذِهِ سَيّارَةُ أَبي.	______________
.4	هَذا دَفْتَرُ التِّلْميذِ.	______________

5 **أُكْتُبْ ما يُمْليهِ عَلَيْكَ الْمُعَلِّمُ.**

6 مَشْروعُ الْوَحْدَةِ

مَسْرَحِيّةٌ أَبْطالُها حَيَواناتُ الْغابَةِ، الَّتي تُعَبِّرُ عَنِ اسْتِيائِها مِمّا تَشْهَدُهُ الطَّبيعَةُ مِنْ تَشَوُّهٍ عَلى يَدِ الْإِنْسانِ.

الْمَرْحَلَةُ الْخامِسَةُ:

أ. راجِعْ مَوْضوعَكَ كامِلًا، وَاسْأَلْ زَميلاً مِنْ مَجْموعَةٍ أُخْرى "هلْ تَشْعُرُ بِحَماسَتي لِلْمَوْضوعِ؟ وَهَلْ تَسْتَطيعُ أَنْ تَعْرِفَ أَنَّني مَنْ كَتَبَهُ؟".

ب. تَأَكَّدْ مِنْ عَمَلِكَ مِنْ خِلالِ شَبَكَةِ التَّقْييمِ الْآتِيَةِ:

أُراجِعُ عَمَلي: صَوْتُ الْكاتِبِ.			
راجَعْتُ عَمَلي مَعَ زَميلٍ.			
تَأَكَّدْتُ مِنْ أَنَّ نَصّيَ سَيَنْقُلُ مَشاعِري إِلى الْقارِئِ.			
سَيَرْغَبُ الْقارِئُ في مُشارَكَةِ ما قَرَأَهُ بِصَوْتٍ عالٍ.			

ثَقافَةٌ

كَيْفَ تُلَقَّحُ الزُّهورُ في الْبَرِّيَّةِ؟

وَقْتٌ أَقْضيهِ مَعَ أَهْلي بِاللُّغَةِ الْعَرَبِيَّةِ

أعزّائي أولياء الأمور،

سنكمل هذا الأسبوع الحديث عن المحور "كيف نعبّر عن أنفسنا".

سيتعرّف أبناؤكم كيفيّة التعبير من خلال نظم الشّعر. سيتدرّبون كذلك على مفردات جديدة وعلى الصفات، كما سيتدرّبون على المفرد والمثنّى، إلى جانب العمل على الكتابة والقراءة ومراجعة الكلمات البصريّة.

نشجّعكم على:

1. قراءة الشّعر مع أبنائكم، والتركيز على دور الصّور والموسيقى في التأثير في النّفس.

تَقْييمٌ

Me and my parents!

Dear Parents,

The topic of this unit is "How We Express Ourselves", In Lesson 5, we focus on a new means of expression: poetry. Your child will also learn new theme - related vocabulary and some more new sight words. He / she will practice the singular and dual words.

Our suggestion:

1. Read poems with your child and encourage him / her to find out the effect of poetry and rhyming words on oneself.

Assessment

الْوَحْدَةُ 3

الدَّرْسُ 6

قَصائِدُ عَرَبِيَّةٌ

الْمُفْرَداتُ

1. أَليفَة
2. تُنَقّي
3. كَوَّتُهُ
4. الظَّريفَة

ما الْوَسائِلُ الَّتي نُعَبِّرُ بِها عَنْ أَنْفُسِنا؟

نَحْكي وَنَسْتَمِعُ

1 أُنْظُرْ إِلى صورَةِ الدَّرْسِ وَأَخْبِرْ زَميلَكَ عَمّا تَرى فيها.

2 في رَأْيِكَ، لِمَ يَهْتَمُّ بَعْضُ النّاسِ بِاقْتِناءِ الْحَيَواناتِ؟

وَرْشَةُ الْمُفْرَداتِ

1 اِعْمَلْ مَعَ مَجْموعَتِكَ عَلى الْمُفْرَداتِ.

1. اِسْتَكْشِفِ الْحَقْلَ الْمُعْجَمِيَّ لِلْكَلِمَةِ التالِيَةِ:

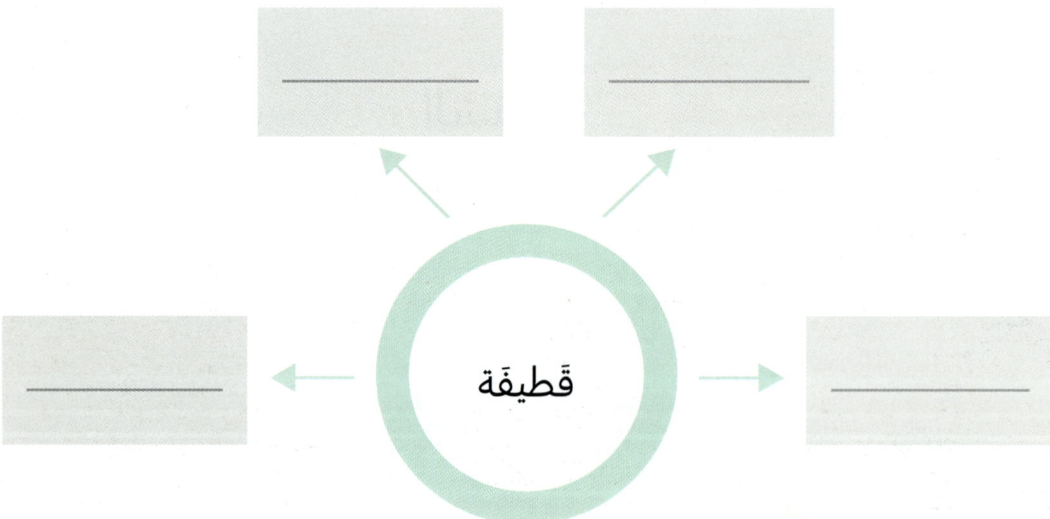

2. مَجْموعَةُ خَريطَةِ الْكَلِمَةِ

الْمُفْرَدَةُ	الْمُرادِفُ	الضِّدُّ
حَليفَة		
الظَّريفَة		
تَتَحَرَّك		

3. مَجْموعَةُ عائِلَةِ الْكَلِمَةِ

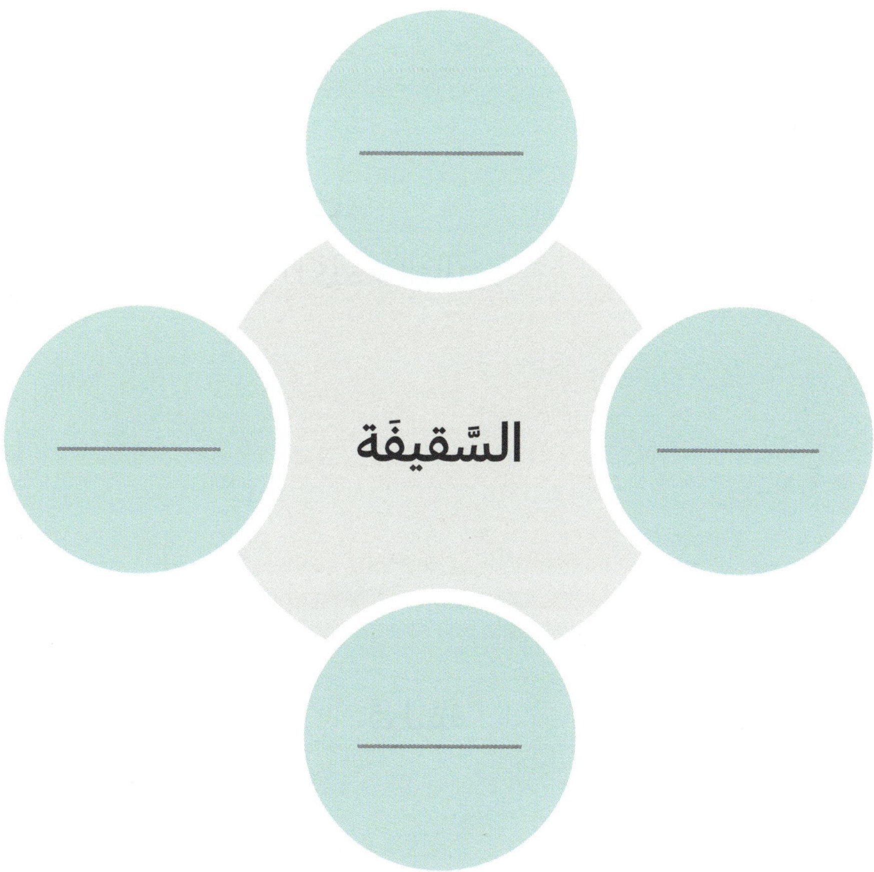

4. مَجْموعَةُ الصِّفاتِ

دُمْيَةٌ	فَرْوٌ
________	________
________	________

5. مَجْموعَةُ الْأَوْزانِ

فَعَلَ	حَرَكَ	________	________
تَفَعَّلَ	________	تَحَكَّمَ	________

2 اِرْبِطِ الْكَلِمَةَ بِالصّورَةِ الَّتي تُعَبِّرُ عَنْها، ثُمَّ وَظِّفْها في جُمَلٍ جَديدَةٍ.

1. أَليفَة

2. تُنَقّي

3. كَوَتْهُ

أ. 

ب. 

ج. 

نَقْرَأُ

1 **اِقْرَأ الشِّعْرَ: "هِرَّتي جِدُّ أَليفَة".**

الْكاتِبُ: أَحْمَد شَوْقي

هِرَّتي جِدُّ أَليفَة — وَهْيَ لِلْبَيْتِ حَليفَة
هِيَ ما لَم تَتَحَرَّك — دُمْيَةُ الْبَيْتِ الظَّريفَة
شُغْلُها الْفارُ تُنَقّي — الرَّفَّ مِنهُ وَالسَّقيفَة
وَمِنَ الْأَثْوابِ لَمْ — تَمْلِكْ سِوى فَرْوٍ قَطيفَة
كُلَّما اسْتَوْسَخَ أَوْ — آوى الْبَراغيثَ الْمُطيفَة
غَسَلَتْهُ وَكَوَتْهُ — بِأَساليبَ لَطيفَة
وَحدَّتْ ما هُوَ كَالْحَمّامِ — وَالْماءِ وَظيفَة
صَيَّرَتْ ريقَتَها — الصّابونَ وَالشارِبَ ليفَة

2 ظَلِّلِ الْكَلِماتِ الْجَديدَةَ في النَّصِّ، ثُمَّ ابْحَثْ عَنْ مَعْنى كُلٍّ مِنْها، وَدَوِّنْها في دَفْتَرِكَ.

3 **فَكِّرْ وَتَفَكَّرْ**

1. في رَأْيِكَ، لِمَ اخْتارَ الشّاعِرُ الْقِطَّةَ لِيَصِفَها؟
2. عَدِّدْ صِفاتِ الْهِرَّةِ كَما ذَكَرَها الشّاعِرُ. عَلامَ تَدُلُّ هَذِهِ الصِّفاتُ؟
3. ماذا قَصَدَ الشّاعِرُ مِنْ خِلالِ الْبَيْتِ الْآتي:

وَمِنَ الْأَثْوابِ لَمْ　　　تَمْـلِكْ سِوى فَرْوٍ قَطيفَة

4. ظَلِّلِ الْكَلِماتِ الْأَخيرَةَ في نِهايَةِ كُلِّ بَيْتٍ شِعْرِيٍّ، وَبَيِّنْ أَثَرَ تَكْرارِ الْقافِيَةِ.

4 **أُرْسُمِ الْهِرَّةَ كَما تَخَيَّلْتَها مِنْ خِلالِ تَصْويرِ الشّاعِرِ لَها.**

5 **لَحِّنِ الْقَصيدَةَ مَعَ مَجْموعَةٍ مِنَ الزُّمَلاءِ وَأَنْشِدْها.**

6 **كَلِماتٌ بَصَرِيَّةٌ أَسْتَطيعُ أَنْ أَقْرَأَها بِسُرْعَةٍ.**

هَلْ - يَوْم - أَخي - لَكَ - لَمْ - مَشْهور - نَسيم

رَتِّبِ الْكَلِماتِ بِحَسَبِ التَّسَلْسُلِ الْأَبْجَدِيِّ.

نَكْتُبُ

1 حَوِّلِ الِاسْمَ الْمَكْتوبَ بِخَطٍّ عَريضٍ إِلى الْمُثَنّى.

1. رَأَيْتُ سَمَكَةً **بُرْتُقالِيَّةً** في الْماءِ.

مُثَنًّى: ____________________

2. حَطَّ **الْعُصْفورُ** عَلى غُصْنِ الشَّجَرَةِ.

مُثَنًّى: ____________________

3. ذَهَبَ **الرَّجُلُ** في رِحْلَةِ صَيْدٍ.

مُثَنًّى: ____________________

4. وَضَعَ الْعامِلُ **الْقِطَّةَ** في الْقَفَصِ.

مُثَنًّى: ____________________

2 **أَكْمِلِ الْكَلِماتِ بِحَرْفِ الْهاءِ أَوْ حَرْفِ التّاءِ.**

1. أَعْطى الْوَلَدُ الْحَليبَ لِهِرّ ______ وَداعَبَ فَرْوَ ______ النّاعِمَ.
2. شَعْرُ أَخي أَجْعَدُ وَعَيْنا ______ سَوْداوانِ.
3. بَكَتِ الطِّفْلَ ______ فَجاءَتْ أُمُّها وَحَمَلَتْها.
4. يُحِبُّ الصَّغيرُ أَبا ______ وَيَتَمَثَّلُ بِ ______
5. دَخَلْتُ الْمَكْتَبَ ______ وَقَرَأْتُ قِصَّ ______ قَصيرَ ______

3 **أُكْتُبْ رِسالَةً لِوالِدَيْكَ لِتُقْنِعَهُما بِاقْتِناءِ حَيَوانٍ أَليفٍ.**

______

______

______

______

4 مَشْروعُ الْوَحْدَةِ

مَسْرَحِيَّةٌ أَبْطالُها حَيَواناتُ الْغابَةِ، الَّتي تُعَبِّرُ عَنِ اسْتِيائِها مِمّا تَشْهَدُهُ الطَّبيعَةُ مِنْ تَشَوُّهٍ عَلى يَدِ الْإِنْسانِ.

الْمَرْحَلَةُ السّادِسَةُ:

أ. راجِعِ الْجُمَلَ بِمُفْرَدِكَ، ثُمَّ مَعَ مَجْموعَتِكَ، وَمِنْ بَعْدِها مَعَ الْمُعَلِّمِ.

ب. راجِعِ الْجُمَلَ، وَالسَّلامَةَ اللُّغَوِيَّةَ مَعَ الْمُعَلِّمِ، ثُمَّ اكْتُبْ عَمَلَكَ في دَفْتَرِكَ.

ج. أُنْشُرْ عَمَلَكَ بِشَكْلٍ يَليقُ بِهِ.

د. تَأَكَّدْ مِنْ عَمَلِكَ مِنْ خِلالِ شَبَكَةِ التَّقْييمِ الْآتِيَةِ:

أُراجِعُ عَمَلي مَعَ الْمُعَلِّمِ: السَّلامَةُ اللُّغَوِيَّةُ.			
تَبْدَأُ جُمَلي بِداياتٍ مُخْتَلِفَةً.			
كَتَبْتُ جُمَلًا مُتَنَوِّعَةً، بَعْضُها طَويلٌ وَبَعْضُها قَصيرٌ.			
راعَيْتُ قَواعِدَ الْإِمْلاءِ وَالْقَواعِدَ النَّحْوِيَّةَ.			
كَتَبْتُ بِخَطٍّ واضِحٍ تُمْكِنُ قِراءَتُهُ بِسُهولَةٍ.			
راجَعْتُ ما كَتَبْتُ لِلتَّأَكُّدِ مِنْ سَلاسَةِ الْجُمَلِ.			
فَهِمَ الْمُشاهِدُ الْمَوْضوعَ بِسُهولَةٍ.			
نَشَرْتُ نَصّي بِأَفْضَلِ طَريقَةٍ لِيَنالَ إِعْجابَ الْمُشاهِدِ.			

ثَقافَةٌ

هَلْ سَبَقَ لَكَ أَنْ سَمِعْتَ بِالْكِتابِ "كَليلَةُ وَدِمْنَةُ"؟

وَقْتٌ أَقْضيهِ مَعَ أَهْلي بِاللُّغَةِ الْعَرَبِيَّةِ

أعزّائي أولياء الأمور،

سنكمل هذا الأسبوع الحديث عن المحور "كيف نعبّر عن أنفسنا"، سيتناقش أبناؤكم في موضوع الحيوانات، ولمَ نقدّرها وكيف نهتّم بها. سيتدرّبون كذلك على مفردات جديدة، كما سيتدرّبون على المفرد والمثنّى، وعلى كتابة التاء والهاء المربوطة في آخر الكلمة، إلى جانب العمل على الكتابة والقراءة ومراجعة الكلمات البصريّة. سيقدّمون أيضًا الموضوع الّذي كتبه كلّ منهم خلال هذه الوحدة.

نشجّعكم على:

1. اصطحاب أبنائكم إلى حديقة الحيوان والاستمتاع بالتعرّف إلى كيفيّة التعامل مع كلّ فصيلة منها.

تَقْييمٌ

Me and my parents!

Dear Parents,

The topic of this unit is "How We Express Ourselves". In Lesson 6, we focus on animals and how to care for them. Your child will learn new vocabulary and do activities on singular and plural verbs and nouns. As well as some further reading and writing, they will also do some sight word activities. Students will also present their unit projects.

Our suggestion:

1. Take your child to the zoo and talk to the zoo keepers about how they care for the animals. Encourage your child to ask about the different species of animals and how their care needs differ.

Assessment

شكر وتقدير

14 Rawpixel. Shutterstock; **14** Antonio Guillem. Shutterstock; **14** fizkes. Shutterstock; **14** Littlekidmoment. Shutterstock; **18** Koldunov. Shutterstock; **18** Comaniciu Dan. Shutterstock; **18** Rawpixel.com. Shutterstock; **18** Pressmaster. Shutterstock; **24** Valentina Razumova. Shutterstock; **24** Elena Schweitzer. Shutterstock; **24** Alexey Buhantsov. 123rf.com; **24** rodrigobark. Shutterstock; **24** digifuture. 123rf.com; **31** strelok. 123rf.com; **31** Simone Voigt. Shutterstock; **46** Pressmaster. Shutterstock; **46** Dmitriy Shironosov. 123rf.com; **46** Chamille White. Shutterstock; **46** Andriy Solovyov. Shutterstock; **50** Peter Bernik. Shutterstock; **50** pictureguy66. 123rf.com; **58** TinnaPong. Shutterstock; **58** Gorodenkoff. Shutterstock; **58** Tono Balaguer. Shutterstock; **66** Africa Studio. Shutterstock; **79** GRSI. Shutterstock; **79** Roman Gorielov. Shutterstock; **81** Natthawut Panyosaeng. 123rf.com; **81** tsyhun. Shutterstock; **81** ANURAK PONGPATIMET. Shutterstock; **81** IVASHstudio. Shutterstock; **90** Joey Chan. Pearson Education Asia Ltd; **90** Edmund O'Connor. Shutterstock; **90** Feng Yu. 123rf.com; **90** Valeri Potapova. Shutterstock; **115** Luiza Klata-Subicka. 123rf.com; **115** cosma. Shutterstock; **115** basel101658. 123rf.com; **115** jakkapan. 123rf.com; **127** Nicescene/Shutterstock; **127** Nicescene/Shutterstock; **134** Skycolors. Shutterstock; **134** Stock-Asso. Shutterstock; **134** yelenayemchuk. 123rf.com; **134** Sergey Novikov. 123rf.com; **134** Shutterstock; **134** Ian Wedgewood. Pearson Education Ltd ; **149** Sommai Larkjit. 123rf.com; **151** martiapunts. Shutterstock; **151** Prig MORISSE. 123rf.com; **151** Alliance. Shutterstock; **151** ndul. 123rf.com; **154** sirtravelalot. Shutterstock; **154** Cathy Yeulet. 123rf.com; **154** Wavebreak Media Ltd . 123rf.com; **154** OtnaYdur. Shutterstock; **161** Shutterstock; **162** Pressmaster. Shutterstock; **162** Tyler Olson. Shutterstock; **162** PKpix. Shutterstock; **162** Dieter H. Shutterstock; **183** Castleski. Shutterstock; **183** Oranzy Photography. Shutterstock; **184** Iakov Filimonov. Shutterstock; **184** Vadym Wedmov. Shutterstock; **184** Stokkete. Shutterstock; **184** Pavel L Photo and Video. Shutterstock; **194** Harald Biebel. 123rf.com; **194** TORWAISTUDIO. Shutterstock; **194** Elnur. Shutterstock; **194** szefei. Shutterstock; **200** Sam DCruz. Shutterstock; **200** Sirozha. Shutterstock; **200** Cathy Yeulet. 123rf.com; **200** GlennV. Shutterstock; **218** Sergey Novikov. Shutterstock; **218** CREATISTA. Shutterstock; **218** wavebreakmedia. Shutterstock; **218** Dmitriy Shironosov. 123rf.com; **223** Frank L Junior. Shutterstock; **223** Ismaellozada. Shutterstock; **223** Nataliia Krasnogor. Shutterstock; **223** marekuliasz. Shutterstock; **223** bee32. 123rf.com; **223** KateStone. Shutterstock; **230** Sergey Novikov. Shutterstock; **230** CREATISTA. Shutterstock; **230** wavebreakmedia. Shutterstock; **230** Dmitriy Shironosov. 123rf.com; **237** Frank L Junior. Shutterstock; **237** Ismaellozada. Shutterstock; **237** Nataliia Krasnogor. Shutterstock; **237** marekuliasz. Shutterstock; **237** bee32. 123rf.com; **237** KateStone. Shutterstock; **256** Turgay Koca. 123rf.com; **256** Lenice Harms. Shutterstock; **256** PCHT. Shutterstock; **256** andrea lehmkuhl. Shutterstock; **256** wavebreakmedia. Shutterstock; **256** obencem. 123rf.com; **270** Tudor Photography. Pearson Education Ltd; **270** Iakov Filimonov. Shutterstock; **270** Pressmaster. Shutterstock; **270** Shutterstock; **298** Andriy Popov. 123rf.com; **298** Sergey Ryzhov. Shutterstock; **298** Linn Currie. Shutterstock; **301** Vlad61. Shutterstock; **301** Martin Mecnarowski. Shutterstock; **301** Evgeniy Kalinovskiy. Shutterstock; **301** encierro. Shutterstock.

الشكر والتقدير لـ: مـي حكمت خضر، ميشلين نصّار دَبَل، رانة نزّال، حنان القاعي

نتقدّم بجزيل الشكر إلى مؤسّسة الفكر العربيّ على ما بذلته من جهود عبر مشروعها "عربي 21"، في تصنيف نصوصنا بحسب معايير "عربي 21" وهنادا طه. هذه المعايير التي تراعي المستوى الإنقرائيّ باللّغة العربيّة لدى الأطفال والناشئة وتسمح بتحديد مدى ملاءمة كلّ نصّ لمستوى التلميذ القرائيّ.